Olga Zitová

Thomas Mann und Ivan Olbracht

Der Einfluss von Manns Mythoskonzeption auf die karpatoukrainische Prosa des tschechischen Schriftstellers

Aus dem Tschechischen von Ilka Giertz

Literature and Culture in Central and Eastern Europe

edited by Reinhard Ibler

ISSN 2195-1497

2 *Adam Jarosz*
Przybyszewski und Japan
Bezüge und Annäherungen
Mit einem Vorwort von Hanna Ratuszna und Quellentexten in Erstübertragung
ISBN 978-3-8382-0436-9

3 *Adam Jarosz*
Das Todesmotiv im Drama von Stanisław Przybyszewski
ISBN 978-3-8382-0496-3

4 *Valentina Kaptayn*
Zwischen Tabu und Trauma
Kateřina Tučkovás Roman *Vyhnání Gerty Schnirch* im Kontext der tschechischen Literatur über die Vertreibung der Deutschen
ISBN 978-3-8382-0482-6

5 *Reinhard Ibler (Ed.)*
Der Holocaust in den mitteleuropäischen Literaturen und Kulturen seit 1989
The Holocaust in the Central European Literatures and Cultures since 1989
ISBN 978-3-8382-0672-1

6 *Iris Bauer*
Schreiben über den Holocaust
Zur literarischen Kommunikation in Marian Pankowskis Erzählung *Nie ma Żydówki*
ISBN 978-3-8382-0587-8

7 *Olga Zitová*
Thomas Mann und Ivan Olbracht
Der Einfluss von Manns Mythoskonzeption auf die karpatoukrainische Prosa des tschechischen Schriftstellers
ISBN 978-3-8382-0743-8

Olga Zitová

Thomas Mann und Ivan Olbracht

Der Einfluss von Manns Mythoskonzeption auf die karpatoukrainische Prosa des tschechischen Schriftstellers

Aus dem Tschechischen von Ilka Giertz

ibidem-Verlag
Stuttgart

Bibliographic information published by the Deutsche Nationalbibliothek
Die Deutsche Nationalbibliothek lists this publication in the Deutsche Nationalbibliografie; detailed bibliographic data are available in the Internet at http://dnb.d-nb.de.

Bibliografische Information der Deutschen Nationalbibliothek
Die Deutsche Nationalbibliothek verzeichnet diese Publikation in der Deutschen Nationalbibliografie; detaillierte bibliografische Daten sind im Internet über http://dnb.d-nb.de abrufbar.

Second Edition

ISSN: 2195-1497

ISBN-13: 978-3-8382-0743-8

Printed in the United States of America

Danksagung

Ich danke Prof. Jiří Holý für seine wertvollen Ratschläge und die Unterstützung bei der Entstehung dieses Buches.

Olga Zitová
im November 2014

Inhaltsverzeichnis

1. Einführung

Das Thema des vorliegenden Bandes, der auf einer überarbeiteten, 2012 an der Philosophischen Fakultät der Karlsuniversität Prag verteidigten Diplomarbeit basiert, bewegt sich an einer Schnittstelle der tschechischen und deutschen Literatur in der ersten Hälfte des zwanzigsten Jahrhunderts. Gegenstand des Interesses sind ausgewählte Werke zweier fraglos sehr unterschiedlicher Autoren: Thomas Mann und Ivan Olbracht. Manns Roman *Joseph und seine Brüder* wird mit Olbrachts in den dreißiger Jahren entstandenen Prosatexten *Nikola Šuhaj loupežník* und *Golet v údolí* verglichen. Die beiden letztgenannten Texte werden in der tschechischen Literaturgeschichtsschreibung zusammenfassend als „karpatoukrainische Prosa" [podkarpatské prózy] bezeichnet, da sie thematisch eng mit der Karpatenukraine, der östlichsten und gleichzeitig auch kulturell entlegensten Region der damaligen Tschechoslowakei, verbunden sind. Diese Textauswahl erfolgte keineswegs zufällig, denn es ist wahrscheinlich, dass Olbracht sich in seinem Schaffen von Manns Werken beeinflussen ließ. Parallel zur Entstehung seiner karpatoukrainischen Prosa übersetzte er nämlich (neben einer Reihe von Werken anderer auf Deutsch schreibender Autoren) insgesamt drei Bände von Manns umfangreicher Josephstetralogie.

Auf einen möglichen Einfluss der Übersetzertätigkeit Olbrachts auf sein eigenes Schaffen wurde erstmals von dem tschechischen Literaturhistoriker Jiří Opelík verwiesen, und zwar in einer Studie aus dem Jahr 1967, die ausschließlich auf Deutsch unter dem Titel *Olbrachts reife Schaffensperiode sub specie seiner Übersetzungen aus Thomas Mann und Lion Feuchtwanger*[1] erschienen ist. Opelík ist überzeugt, dass insbesondere die Übersetzungen von Texten Thomas Manns und Lion Feuchtwangers die Entwicklung einer neuen künstlerischen Orientierung anregten und beschleunigten, die in Olbrachts Werk bis dahin nur in Ansätzen vorhanden war. Als entscheidend erweisen sich hierbei zwei Aspekte:

1) Olbracht begann sich in seinen während der dreißiger Jahre entstandenen Werken der Vergangenheit zuzuwenden.
2) Die literarische Gestaltung der Vergangenheit erfolgte vor allem mithilfe von Legende oder Mythos.

[1] Opelík 1967. Vgl. weiter unten einige der Schlussfolgerungen Opelíks.

Mit dem Strom der Vergangenheit trat in Olbrachts Werk auch eine weitaus stärkere Epizität. Das Bewusstsein über Zeit und Kontinuität des menschlichen Lebens spiegelt sich in der Darstellung der Figuren – sowohl des Räubers Šuhaj, Hauptfigur des Romans *Nikola Šuhaj loupežník*, als auch der karpatoukrainischen Juden in *Golet v údolí* – wider.
Die Figuren emanzipieren und lösen sich von der ideellen Haltung des Autors, der z. B. den Charakter der Figuren Anna und Toník in dem in den zwanziger Jahren verfassten kommunistischen Agitationsroman *Anna proletářka* noch fest definiert hatte. Und auch die Haltung des Erzählers wandelt sich: In Olbrachts Werk hält nun eine liebevolle Ironie Einzug, gepaart mit Verständnis für die Eigenarten einer anderen Welt.

Der Mythos erscheint in Olbrachts Texten in aktualisierter Form und in Konfrontation mit der Gegenwart. So lagen dem Roman *Nikola Šuhaj loupežník* amtliche Dokumente und Augenzeugenberichte zugrunde, die Olbracht zu einem modernen Mythos umformte. Auf diese Weise erzielte er eine künstlerische Synthese von Mythos und Realität. In *Golet v údolí* wiederum erfasste er das Fortwirken des alttestamentarischen Mythos im Alltagsleben karpatoukrainischer Juden. Thomas Mann formulierte in *Joseph und seine Brüder* den jüdischen Mythos in zeitlich rückwärtsgerichteter Richtung neu, indem er die griechische, ägyptische und babylonische Mythologie in ihn einfließen ließ. Die antinazistische Funktion des Mythos ergibt sich hierbei laut Opelík ganz natürlich aus dem Stoff selbst und aus der Art, wie Mann mit diesem arbeitete. Olbracht hingegen aktualisierte den Mythos in zeitlich vorwärtsgerichteter Richtung, und zwar insbesondere durch die bereits genannte Konfrontation von Mythos und Gegenwart.

Opelík kommt in seiner Studie zu dem Schluss, dass zwischen Olbrachts Werk und dem Werk Manns (wie auch Feuchtwangers) viele Berührungspunkte bestehen und Olbrachts Zugang zu den Werken, die er aus dem Deutschen übersetzte, ein sehr aktiver war, da er viele Anregungen in schöpferischer Weise in seine eigenen Prosatexte einarbeitete. Beginnend mit dem Roman *Nikola Šuhaj loupežník* lässt sich, so Opelík, ein Wandel in Olbrachts Schaffen beobachten, der sich u. a. durch „die Verschiebung vom Bürgerlichen zum ‚Immer-Menschlichen' (Mann)" äußert.[2]

Ziel dieses Buches ist es, Erscheinungsformen, Umfang und Grenzen eines direkten (genetischen) wie auch eines indirekten (typologischen) Einflusses von Manns Tetralogie auf die karpatoukrainischen Texte Olbrachts zu

---

2 Vgl. ibid.: 37.

überprüfen. Dabei soll insbesondere Manns Mythosauffassung zu Olbrachts Prosatexten der dreißiger Jahre in Bezug gesetzt werden. Thomas Mann ließ sich auf seinem Weg zur künstlerischen Gestaltung des Mythos in *Joseph und seine Brüder* von vielen Autoren beeinflussen, deren Werke er gelesen hatte oder mit denen er korrespondierte. Dieser biografische Hintergrund ist Gegenstand des einführenden Kapitels *Der Mythos und Thomas Mann*. Im Kapitel *Ivan Olbracht, die Karpatenukraine und Übersetzungen aus dem Deutschen* wird der Leser mit dem Schriftsteller Ivan Olbracht und dessen Gesamtwerk, insbesondere aber mit der Beziehung von Olbrachts Übersetzertätigkeit zu seinem eigenen literarischen Schaffen, vertraut gemacht. Zu Beginn der dreißiger Jahre war Olbracht als Journalist ohne feste Anstellung und verdiente sich seinen Lebensunterhalt mit Übersetzungen ausgewählter Werke der deutschen Literatur, darunter auch dreier Bände von Manns Romantetralogie *Joseph und seine Brüder*. Im selben Zeitraum begann er, sich mit der Karpatenukraine zu befassen.

Den zentralen Teil dieses Buches bilden interpretatorisch ausgerichtete Kapitel, in denen nacheinander Manns Tetralogie, Olbrachts *Nikola Šuhaj loupežník* und Olbrachts *Golet v údolí* besprochen werden. Der Einführungsteil der Kapitel ist dabei jeweils der Entstehung und zeitgenössischen Rezeption des besprochenen Texts gewidmet. Die darauffolgenden Subkapitel sind vom Aufbau her thematisch an die einzelnen analysierten Texte angepasst. Besondere Aufmerksamkeit gilt dabei jeweils dem Erzähler und seiner Rolle im Rahmen des fiktionalen Texts. Allen drei Texten gemeinsam ist die Problematik der mythischen Identität, die eng mit der Darstellung der einzelnen Figuren verknüpft ist. Im Falle von *Joseph und seine Brüder* und *Golet v údolí* ist es zudem produktiv, sich mit der Konstruktion der fiktiven Welt im Ganzen zu befassen. Bei *Nikola Šuhaj loupežník* ist wiederum ein Subkapitel zu Raum und Zeit sinnvoll. In den einzelnen Kapiteln soll versucht werden, die fiktive Welt der einzelnen Prosatexte zu rekonstruieren, und zwar jeweils unter Berücksichtigung des Mythos als gemeinsamer Schnittstelle aller drei analysierten Texte. In einigen Fällen wird auch recht spezifischen Problemen Aufmerksamkeit geschenkt, so z. B. im Falle von *Joseph und seine Brüder* den sogenannten Schönen Gesprächen. Die Wahl dieses (im Kontext von Manns Werk) Details erfolgte mit Blick auf Olbrachts Roman *Nikola Šuhaj loupežník*, da es sich hier möglicherweise um einen der wenigen Fälle eines genetischen Einflusses von Manns Werk auf Olbrachts Texte handelt. Analogien auf typologischer Ebene sind, wie sich zeigen wird, in weitaus größerer Zahl nachweisbar.

2. Der Mythos und Thomas Mann

Thomas Mann interessierte sich bereits in seiner Kindheit für Mythos und Mythologie. Als frühes Erlebnis, an das er sich beim Schreiben von *Joseph in Ägypten* oft erinnerte, führt er eine Stunde aus dem Religionsunterricht an. Der Lehrer wollte den Namen des heiligen Stiers der alten Ägypter wissen. Der Schüler Thomas Mann meldete sich und nannte die ursprüngliche ägyptische Namensform „Chapi". Dafür wurde er getadelt, da der Lehrer nur die lateinische bzw. griechische Namensform „Apis" kannte: „Ich wusste es besser als der gute Mann, aber die Disziplin erlaubte mir nicht, ihn darüber aufzuklären. Ich schwieg – und habe mir mein Leben lang dies Verstummen vor falscher Autorität nicht verziehen. Ein amerikanischer Junge hätte gewiß seinen Mund aufgetan."[3]

Auch in Manns literarischen Werken kommt der Mythos bereits lange Jahre vor Niederschrift der Romantetralogie *Joseph und seine Brüder* zum Tragen. Zentrale mythische Elemente, auf die sich Mann in seiner „vorjosephischen Zeit" bezieht, sind Märchen, die Epen Richard Wagners wie auch die reichhaltige antike Mythentradition.[4] Der erste Text, der deutliche mythologische Bezüge aufweist (wenngleich sich Mann in jener Zeit noch nicht mit dem Mythos als solchem befasste), ist die 1911 entstandene dekadente Novelle *Der Tod in Venedig*,[5] die eng mit den Namen Friedrich Nietzsches und Erwin Rohdes (insbesondere mit Nietzsches *Die Geburt der Tragödie aus dem Geiste der Musik*, 1871, und der darin entworfenen Unterscheidung des Apollinischen und Dionysischen sowie mit Rohdes *Psyche*, 1890–1894) verknüpft ist. Aus dem Mythos bezog Mann wichtige Impulse für sein eigenes Schaffen. Er wandte sich der Vergangenheit zu, in deren Koordinaten jedes einzelne Leben als Wiederholung von etwas schon früher Gelebtem erscheint. Manns „Neigung zum Archaisch-Primitiven wird bei ihm [jedoch] immer durch den Intellekt neutralisiert".[6] Es handelt sich also keineswegs um blinde Nostalgie – vielmehr lässt der Mythos ihn die Grenzen des Raums überschreiten, in dem sich der Künstler-Ästhet in Isolation von der umgebenden Welt befindet. Er befreit den Menschen von einer Gesellschaft, die oftmals zu eng an die Probleme der jeweiligen Zeit gekettet ist, und ermöglicht ihm einen gewissen Abstand und Überblick. Gleichzeitig ist der Mythos Refugium für jeden, der den festen

---

[3] In GW XI 1990a: 661. Vortrag *Joseph und seine Brüder*.

[4] Vgl. Wysling 1969: 9.

[5] Vgl. z. B. Lehnert 1965: 99–139, v. a. 109–120, Dierks 1972: 13–59.

[6] In Wysling 1969: 13f.

Boden unter den Füßen und die Sicherheit der eigenen Existenz verloren hat. Er schafft einen gedanklichen Raum, der dem modernen Menschen in Zeiten der Wirrnis und Unsicherheit, in Zeiten der Zersplitterung des Individuums, eine Palette musterhafter Situationen und entsprechender Lösungsmöglichkeiten zu bieten vermag, ohne die spezifische Problematik der modernen Zeit zu bagatellisieren. Literarischen Texten kann der Mythos als formale Basis wie auch als Handlungsgrundlage dienen. Diese „Vorprägung" des literarischen Werks durch eine vom Mythos getragene Tradition ermöglichte Thomas Mann eine stärkere Konzentration auf die stilistische und analytische Ebene. Das Werk wird auf diese Weise zu einer künstlerischen Variation, die nichts an ihrer Wirkung einbüßt. Die Bedeutung des Mythos für Manns frühe, „vorjosephische" Zeit besteht in der Darstellung fesselnder Einzelschicksale vor dem Hintergrund eines typisierten mythischen Schicksals. Mann „konfrontiert Psychologie und Mythos und kann dabei die Einmaligkeit des Sonderfalls schärfer beleuchten, oft auch geheime Identitäten zwischen dem Individuellen und Typischen aufblitzen lassen."[7]

Die Bezugsetzung des Mythos zum Begriffspaar „Individuelles vs. Typisches" ist für Mann auch in den zwanziger Jahren charakteristisch, als er bereits an der Josephstetralogie arbeitete, und lässt sich bis in die vierziger Jahre verfolgen, d. h. bis in die Zeit, in der er die Tetralogie abschloss und den Roman *Doktor Faustus* schrieb. In dem Essay *Joseph und seine Brüder* aus dem Jahr 1942 formuliert Thomas Mann seine Überlegungen zum Mythos wie folgt:

> Es ist wohl eine Regel, daß in gewissen Jahren der Geschmack an allem bloß Individuellen und Besonderen, dem Einzelfall, dem ‚Bürgerlichen' im weitesten Sinne des Wortes allmählich abhanden kommt. In den Vordergrund des Interesses tritt dafür das Typische, Immer-Menschliche, Immer-Wiederkehrende, Zeitlose, kurz: das Mythische. Denn das Typische ist ja das Mythische schon, insofern es Ur-Norm und Ur-Form des Lebens ist, zeitloses Schema und von je gegebene Formel, in die das Leben eingeht, indem es aus dem Unbewußten seine Züge reproduziert.[8]

In diesem Zusammenhang ist der Einfluss Arthur Schopenhauers, insbesondere seiner Abhandlung *Die Welt als Wille und Vorstellung*,[9] zu nennen, in welcher der Philosoph unterscheidet

---

7 Ibid.: 15. Zu den Funktionen des Mythos im Werk Thomas Manns vor seiner Arbeit an der Tetralogie vgl. ibid.: 13–15.

8 In GW XI 1990a: 656. Vortrag *Joseph und seine Brüder*.

9 Vgl. Wysling 1969: 15–17. Wysling vertritt die Ansicht, dass namentlich Schopenhauers Werk die philosophische Grundlage für Manns Mythosauffassung bildete und alle weiteren Einflüsse lediglich daran anknüpften. Er verweist dabei auf Dierks (1972: z. B. 97–113; 1969 in der Presse), der mittels kritischer Quellenstudien aufzeigt, wie umfangreich

> zwischen der Welt als Wille, die raum- und zeitlos ist, und der Welt als Vorstellung, die vom Intellekt in Raum und Zeit gegliedert wird. In Anlehnung an Platons Ideenlehre kennt er [Schopenhauer] ein Zwischenreich der Willensobjektivation, in dem der Wille nicht mehr raum- und zeitlos, aber auch noch nicht Erscheinung in Raum und Zeit ist – das Reich der Ideen.[10]

Die Rezeption dieser philosophischen Überlegung eröffnete Thomas Mann die Möglichkeit, seine Gedanken und literarischen Bilder aus den konkreten zeitlich-räumlichen Koordinaten zu lösen und sich auf das Unveränderliche in der Welt und im Menschen zu konzentrieren, auf das, was deren Wesen ausmacht und was keinen tiefergreifenden Wandlungen und Degenerationen unterworfen ist. Gerade der Mythos erweist sich diesbezüglich als ein Bereich, der in sich ganz ähnliche „Werte" vereint und mithilfe dessen sich auch scheinbar rein individuelle Angelegenheiten auf eine universelle Basis übertragen lassen. Die Beziehung zwischen Individuum und Kollektiv ist dabei einer der Aspekte, die Thomas Mann mit seinen Überlegungen zum Mythos untrennbar verband.

Weitere wichtige Impulse für Manns Mythosauffassung kamen aus den Werken Richard Wagners, Johann Wolfgang Goethes, Sigmund Freuds, Carl Gustav Jungs und des Mythenforschers Karl Kerényi.[11] Goethe und Wagner werden von Mann als komplementäre Künstlerpersönlichkeiten aufgefasst, die zwei unterschiedliche Positionen innerhalb der deutschen Kultur repräsentieren und die sich – nicht zufällig – gerade auf dem Boden des Mythos begegnen. Goethe verkörpert für Mann die Leichtigkeit der antiken Tradition, die zum Fundament der europäischen Kultur wurde. Bei ihm findet er zudem Elemente von Komik und Ironie, die auch ihm selbst eigen sind. Charakteristisch für Wagner sei hingegen dessen Pathos, der Rückgriff auf klassische Stoffe der nordischen Heldenmythologie und die Betonung der germanischen

---

die Einflüsse Schopenhauers in Thomas Manns Texten sind. Neuere Quellen, z. B. Reed 1990: 117–122, sind bei der Beurteilung des Schopenhauerschen Einflusses auf Thomas Mann weitaus vorsichtiger. Reeds Text über Thomas Mann und dessen Beziehung zur literarischen Tradition ist in dem von H. Koopmann herausgegebenen *Thomas-Mann-Handbuch* enthalten, in welchem grundlegende Erkenntnisse zu den biografischen, literatur- und kulturgeschichtlichen Hintergründen wie auch zum Werk Thomas Manns, dessen Rezeption in der Literaturkritik und zur Geschichte der Thomas-Mann-Forschung zusammengetragen sind.

[10] In Wysling 1969: 16.

[11] Vgl. die gemeinsame Korrespondenz (Kerényi 1945), die Kerényi anlässlich des siebzigsten Geburtstags von Thomas Mann herausgab. Vgl. weiterhin Wysling 1969. (Hierbei handelt es sich um die oben bereits zitierte Publikation *„Mythos und Psychologie" bei Thomas Mann*, die später auch im dritten Band der Edition *Thomas-Mann-Studien*, Wysling 1974, erschienen ist).

Tradition, die für ihn unauflöslich mit der Musikalität verknüpft ist. Höchste Kunstform ist für Wagner das Drama, das mehrere Kunstgattungen zu einem vollendeten Ganzen verbindet und auf diese Weise ein sogenanntes Gesamtkunstwerk entstehen lässt. Die geeignetsten Stoffe für Operndramen sind folglich alte mythische Erzählungen, in denen sich die schöpferische Kraft des Volkes konzentriert. Dem Künstler kommt hierbei „nur eine mystisch-mediale Funktion zu".[12]

Eine enge Bezugsetzung zwischen Mythos und Musik ist auch dem Religionswissenschaftler und Mythenforscher Karl Kerényi zu eigen, mit dem (der ebenfalls musikalisch begabte) Thomas Mann lange Zeit in Briefwechsel stand. Im Einführungskapitel seines Buches *Einführung in das Wesen der Mythologie* bedient sich Kerényi der Musik als des geeignetsten Mittels zur Annäherung an das Wesen von Mythos und Mythologie: Wie das musikalische Werk durch gegenseitige Inbezugsetzung einzelner Töne entsteht, so setzt sich der Mythos aus Mythologemen, d. h. aus grundlegenden Bausteinen mit einer komplexen, nicht weiter zerlegbaren semantischen Botschaft, zusammen. Die einzelnen Elemente sind – wie die Töne der Musik – miteinander kombinierbar, sodass immer neue Variationen und Harmonien entstehen. Gerade in dieser Fähigkeit zur fortwährenden Verwandlung, der Fähigkeit, mittels eines relativ begrenzten Repertoires unveränderlicher Mythologeme eine Unzahl von Situationen zu benennen, besteht der Reichtum des Mythos. Für Kerényi ist der Mythos ein separates Zeichensystem und daher nicht in ein anderes übersetzbar. Der Sinn jedes einzelnen Mythologems ist „schwer in die Sprache der Wissenschaft zu übersetzen, weil er völlig nur auf mythologische Weise ausgedrückt werden"[13] kann.

Mann und Kerényi empfahlen sich in ihrer Korrespondenz gegenseitig Literatur, sie tauschten ihre Arbeiten aus und diskutierten sowohl über Literatur und Mythos als auch über die aktuelle gesellschaftliche und politische Situation.[14] Thomas Mann dankt Kerényi oft für die Zusendung inspirierender Lektüre und erwähnt u.a. die bemerkenswerten, bis ins Detail reichenden Übereinstimmungen zwischen seinem Werk und Kerényis wissenschaftlichen Erkenntnissen. In einem seiner Briefe schreibt Thomas Mann:

> Ihr Aufsatz *Was ist Mythologie* ist wieder nicht wenig interessant. Mit vielen Anstreichungen habe ich ihn sorgsam für den Zeitpunkt beiseite gelegt, wo ich die

---

12 In Dierks 1972: 15. Vgl. auch GW IX 1990b: 502–527. Essay *Richard Wagner und der „Ring des Nibelungen"*.

13 In Kerényi – Jung 1951: 12, vgl. auch das gesamte Einführungskapitel ibid.: 9–38.

14 Vgl. Kerényi 1945.

> Joseph-Saga wieder werde aufnehmen können, um ihn dann, nebst Ihren anderen Schriften, zur Erquickung und Belebung mythischer Stimmung wieder zu lesen.[15]

Gemeinsam erörterten sie auch die Beziehung zwischen Mythos und Psychologie. Kerényi hatte sein oben genanntes Buch *Einführung in das Wesen der Mythologie* in Zusammenarbeit mit C. G. Jung verfasst, sodass ihm dieses Thema ebenfalls nahelag. Mann kannte sowohl Freuds als auch Jungs Arbeiten, bekannte sich jedoch offen vor allem zu Freud und dessen Psychoanalyse, da er – wie bereits Tagebucheintragungen aus den Jahren 1934–1935 belegen – um Jungs anfängliche Sympathien für den Nationalsozialismus und um seine Kooperation mit diesem wusste. Jung stand also „genau auf der politisch gegnerischen Seite, gegen die Thomas Mann ja sein Kampfbündnis mit der Psychoanalyse gerichtet hatte".[16]

Psychologie wird von Mann als ein Mittel verstanden, mit dem der Mythos humanisiert, d. h. von nazistischer Instrumentalisierung befreit, werden kann:

> Dies einander in die Hände arbeiten von Mythologie und Psychologie ist eine höchst erfreuliche Erscheinung! Man muß dem intellektuellen Faschismus den Mythos wegnehmen und ihn ins Humane umfunktionieren. Ich tue längst nichts anderes mehr.[17]

Thomas Mann gehörte nicht zu den Autoren, die sofort nach der Machtübernahme Hitlers 1933 daran dachten, ins Exil zu gehen. Zum Zeitpunkt des Reichstagsbrands befand er sich mit seinem Wagner-Vortrag auf Auslandsreise und beschloss erst nach mehrfacher Warnung, nicht nach Deutschland zurückzukehren. Da er jedoch um die Veröffentlichung seiner Bücher in Deutschland fürchtete, enthielt er sich auf Wunsch des Verlegers Bermann Fischer einer Zusammenarbeit mit der Exilzeitschrift *Die Sammlung*, die sein Sohn Klaus Mann in den Jahren 1933–1935 im Amsterdamer Exilverlag Querido heraus gab. In Exilkreisen rief er damit Zweifel darüber hervor, welcher Seite er

---

15 Ibid.: 75, Brief Thomas Manns an Karl Kerényi vom 2. 8. 1939. In dieser Zeit arbeitete Thomas Mann an dem Roman *Lotte in Weimar*.

16 In Dierks 1990a: 298. Zum Thema vgl. auch ibid.: 284–300 und Dierks 1990b: 301–306. (Hierbei handelt es sich um die im *Thomas-Mann-Handbuch* enthaltenen Kapitel *Thomas Mann und die Tiefenpsychologie* und *Thomas Mann und die Mythologie*.)
Vgl. z. B. auch GW IX 1990a: 478–501, Thomas Manns Festrede *Freud und die Zukunft*. Eine umfangreiche Arbeit mit dem Titel *Thomas Mann und die Psychoanalyse* stammt aus der Feder Jean Fincks. Finck setzt sich zum Ziel, eine Lücke in der Mann-Forschung zu schließen, und arbeitet systematisch Manns Beziehung zu Freuds Psychoanalyse auf. Ein Kapitel ist der Analyse der Josephstetralogie gewidmet. Vgl. Finck 1973.

17 In Kerényi 1945: 85, Brief Thomas Manns an Karl Kerényi vom 07.09.1941.

eigentlich zuneigte, und man erwartete von ihm ein entschlossenes Wort. Dieses folgte 1936 in einem Brief an Eduard Korrodi, den Literaturredakteur der *Neuen Zürcher Zeitung*.[18] In seiner privaten Korrespondenz bezog Mann jedoch schon viel früher gegen den Nazismus Stellung. Dies belegt zum Beispiel ein aus dem Jahr 1934 stammender Brief an Karl Kerényi, in dem er unter anderem schreibt:

> Ja, erlauben Sie mir das Geständnis, daß ich kein Freund der – in Deutschland namentlich durch Klages[19] vertretenen – geist- und intellektfeindlichen Bewegung bin. Ich habe sie früh gefürchtet und bekämpft, weil ich sie in allen ihren brutal-antihumanen Konsequenzen durchschaute, bevor diese manifest wurden. [...] Ich bin ein Mensch des Gleichgewichts. Ich lehne mich instinktiv nach links, wenn der Kahn nach rechts zu kentern droht, – und umgekehrt.[20]

Manns vor allem im Roman *Joseph und seine Brüder* umgesetzte Mythosauffassung gerät jedoch erst allmählich in Kontrast zum Nationalsozialismus und der Art, wie dieser sich den Mythos zunutze machte. In der zweiten Hälfte der zwanziger Jahre, als Mann an der Tetralogie zu arbeiten begann, war nämlich die kulturelle und politische Situation bei Weitem noch nicht so beunruhigend wie in den dreißiger Jahren. Und auch der Gedanke einer Humanisierung des Mythos stammt ursprünglich nicht von Thomas Mann, sondern von Ernst Bloch.[21] Dies ändert jedoch nichts daran, dass Mann seine Tetralogie rückblickend als ein literarisches Werk betrachtete, mithilfe dessen der „Mythos [...] dem Faschismus aus den Händen genommen und bis in den letzten Winkel der Sprache hinein *humanisiert* wurde [...]".[22]

---

18 Vgl. Stammen 1990: 39–40.
Manns Einstellung zum politischen Geschehen in Deutschland machte im Laufe der Jahre einen deutlichen Wandel durch. Kurz nach Ende des Ersten Weltkriegs war sein Buch *Betrachtungen eines Unpolitischen* (1919) erschienen, in dem sich Mann für die Existenz der Monarchie aussprach. Nach Einführung der demokratisch-republikanischen Ordnung folgte zunächst eine Phase der Orientierungslosigkeit und der Suche nach einem Platz innerhalb der drastisch veränderten Bedingungen. Schließlich positionierte sich Mann auf Seiten der offiziellen politischen Ordnung der Weimarer Republik und galt in den Jahren 1924–1928 als deren politisch-kultureller Repräsentant. Ab 1928 schärft sich seine Aufmerksamkeit bezüglich der faschistoiden Tendenzen im kulturellen und politischen Leben, an dessen Spitze sich 1933 offiziell Adolf Hitler stellte. Vgl. ibid.: 26–51.

19 Ludwig Klages (1872–1956), deutscher Philosoph und Grafologe, Gegner der jüdischen Religion (und des Monotheismus schlechthin), stand dem Nationalsozialismus nahe.

20 In Kerényi 1945: 20f., Brief an Karl Kerényi vom 20.02.1934.

21 Vgl. Kurzke 1991: 251.

22 In GW XI 1990a: 658, Vortrag *Joseph und seine Brüder*.

3. *Joseph und seine Brüder*

Der Roman *Joseph und seine Brüder* entstand von 1926 bis 1942, also über einen Zeitraum von sechzehn Jahren. Die Konzeption des Romans zeichnete sich bereits 1925 ab, als der Autor mit den Vorbereitungsarbeiten begann. Das Vorwort - den einführenden Essay mit dem Titel *Höllenfahrt* - begann Mann Ende 1926 zu schreiben. Der erste Teil der Tetralogie, *Die Geschichten Jaakobs*, wurde 1930 abgeschlossen und erschien im Oktober 1933 im Berliner S.-Fischer-Verlag. Teil Zwei, *Der junge Joseph*, wurde Mitte 1932 fertiggestellt und im April 1934 im selben Verlag herausgegeben. Beide Teile verfasste Mann in Deutschland. Der dritte Teil, *Joseph in Ägypten*, wurde noch in Deutschland begonnen, zu einem Großteil entstand er jedoch im Schweizer Exil. Er erschien im Oktober 1936 im Verlag Bermann-Fischer in Wien. Der Verkauf des Romans war im nazistischen Deutschland zwar weiterhin erlaubt, durfte jedoch durch keinerlei Werbung unterstützt werden. Nach Erscheinen dieses vorletzten Teils beschäftigte sich Mann drei Jahre lang intensiv mit der Person Johann Wolfgang Goethes. Er widmete Goethe den Roman *Lotte in Weimar*, der 1939 in Stockholm herausgegeben wurde.[23] 1940 begann er mit der Arbeit am vierten, abschließenden Teil der Josephstetralogie, den er 1942 im Exil in den Vereinigten Staaten fertigstellte. Zu den Entstehungsumständen der beiden letzten Bände äußerte Mann: „Im Zeichen des Abschiedes von Deutschland stand dieser dritte der Josephsromane, - im Zeichen des Abschiedes von Europa der vierte."[24] Der letzte Teil erschien unter dem Titel *Joseph der Ernährer* - abermals im Fischer-Verlag, der seinen Sitz mittlerweile nach Stockholm verlegt hatte.[25] Und diesmal war der Verkauf des Buches in Deutschland bereits gänzlich verboten.[26]

---

[23] Vgl. Frenzel 2004: 615.

[24] In GW XI 1990a: 661, Vortrag *Joseph und seine Brüder*.

[25] S. Fischer war der Stammverlag Thomas Manns, dessen Werke unter dem Schutz dieses Verlags auch nach 1933 in Deutschland erscheinen konnten, als Mann sich bereits im Schweizer Exil befand. Diese Möglichkeit war jedoch mit einem öffentlichen Schweigen über Manns Einstellung zum nationalsozialistischen Regime erkauft. Unter anderem aus diesem Grund brach Mann seine Mitarbeit an der deutschen Exilzeitschrift *Die Sammlung* ab, bzw. ließ auf Wunsch seines Verlegers seinen Namen aus der Mitarbeiterliste streichen. Die Nazis bewerteten Manns Rückzug aus dem öffentlichen Leben als ihrerseitigen Sieg. Thomas Manns Bücher konnten auf diese Weise bis 1936 in Deutschland erscheinen und verkauft werden. Im genannten Jahr musste der Verlag des Regimes wegen seinen Sitz nach Wien, später nach Schweden verlegen.
Vgl. Lehnert 1973: 398.

[26] Vgl. Hermsdorf 1976: 181–194, Kurzke 1993: 131–134 und GW XI 1990b: 669–681, Vortrag *Sechzehn Jahre*.

Ursprünglich hatte Mann vorgehabt, eine Novelle zu schreiben, die zusammen mit zwei weiteren Novellen (über Philipp II. von Spanien sowie über Luther und Erasmus von Rotterdam) ein Triptychon historischer Prosa bilden sollte.[27] Seine literarischen Pläne kommentierte er folgendermaßen:

> Ach, es war alles ganz anders geplant gewesen, anders – und wie immer. Wie *Buddenbrooks* als eine Kaufmannsgeschichte von beiläufig zweihundertfünfzig Seiten gedacht waren und dann überhandnahmen, wie der *Zauberberg* gar nur eine Erzählung vom Umfang des *Tod in Venedig*, dessen groteskes Gegenstück hatte werden sollen und dann nach eigenem Sinn hypertrophierte, so hatte in diesem Fall ein Triptychon religiös gefärbter Novellen mir vorgeschwebt, von denen die erste mythischen, biblischen Charakters sein sollte – die Josephsgeschichte, lebhaft noch einmal erzählt, war dazu ausersehen.[28]

Wenngleich Manns ursprüngliche künstlerische Absicht wesentliche Veränderungen erfuhr, blieb sein zentrales Interesse an dem biblischen bzw. mythischen Stoff bestehen. Die Idee einer künstlerischen Verarbeitung des Josephsstoffs entstand höchstwahrscheinlich im Winter 1923/24. Im darauffolgenden Jahr unternahm Mann eine Mittelmeerreise. In dieser Zeit begann sich die bereits erwähnte Konzeption des Romans herauszubilden.[29]

In seinem Vortrag *Joseph und seine Brüder*[30] äußert sich Mann u. a. über die Motivation, die ihn dazu bewog, einen solch umfangreichen Roman zu schreiben. Dies waren insbesondere die Person Johann Wolfgang von Goethes und Manns Bibellektüre. Dem jungen Goethe erschien die Josephsgeschichte in ihrer biblischen Form zu kurz, daher wollte er sie zu einem umfangreicheren epischen Werk ausarbeiten:

> Zur Erklärung **des jugendlich verfrühten Unternehmens** bemerkt der sechzigjährige Goethe: ‚Höchst liebenswürdig ist diese natürliche Geschichte: nur erscheint sie zu kurz, und man fühlt sich versucht, sie in allen Einzelheiten auszuführen.' Merkwürdig! Dieser Satz aus „Dichtung und Wahrheit" war mir alsbald gegenwärtig, mitten in meinen Träumereien: ich hatte ihn im Gedächtnis, brauchte ihn nicht nachzulesen, – und wirklich scheint er ja wie zum Motto geschaffen für das, was ich dann unternahm, er bietet die einfachste und einleuchtendste Erklärung für dies Unternehmen.[31]

Was Goethe nicht gelungen war, gelang Thomas Mann, der „diese reizende Geschichte mit modernen Mitteln – mit *allen* modernen Mitteln, den geistigen

[27] Vgl. Hermsdorf 1976: 174.

[28] In GW XI 1990b: 671, Vortrag *Sechzehn Jahre*.

[29] Vgl. Kurzke 1993: 131.

[30] Vgl. GW XI 1990a: 654–669, Vortrag *Joseph und seine Brüder*.

[31] Ibid.: 654. Hervorhebung von O.Z.

und technischen – zu erneuern und erzählerisch frisch hervorzubringen" gedachte.[32] Bezeichnet Mann Goethes Vorhaben als „jugendlich verfrüht", so betrachtete er seinen Josephsroman als ein „manifest mythologisches Werk",[33] als Alterswerk. In einem seiner Briefe an Karl Kerényi schreibt er:

> Mein Interesse fürs Religionshistorische und Mythische ist spät erwacht; es ist ein Produkt meiner Jahre und war in Jugendzeiten überhaupt nicht vorhanden. Jetzt aber ist es sehr lebhaft und wird vorhalten zur Durchführung des sonderbaren Roman-Unternehmens [...].[34]

Die Konzeption des Josephsromans ist eng mit Manns Mythoskonzeption wie auch mit seiner späten Schaffensphase verbunden. Das Wesen des Mythos, wie Mann ihn auffasst, ist am besten verständlich in Opposition zu allem Individuellen: Zur Ebene der individuellen Erfahrung gehören laut Mann die Einzelfälle, wobei es sich stets um etwas Besonderes und Einzigartiges handelt. In Bezug auf die Struktur der Gesellschaft ist dies die Sphäre des Bürgerlichen. Alles Mythische hingegen ist kollektiv und typisch. Der Mythos ist von allgemeinmenschlicher Gültigkeit und durch ständige Wiederkehr geprägt, er ist zeitlos, das heißt, er entbehrt der linearen Zeit. Das Mythische ist Quelle allen Lebens, es ist „Ur-Form", „Schema" des Lebens. Thomas Mann konnte seinen Josephsroman nicht früher schreiben, da der Erzähler seiner Ansicht nach reif für den Mythos sein muss: Erst mit einem gewissen Alter gewinnt er die Fähigkeit, das Geschehen um sich herum mit einem mythisch-typischen Blick zu betrachten, „denn im Leben der Menschheit stellt das Mythische zwar eine frühe und primitive Form dar, im Leben des einzelnen aber eine späte und reife".[35]

Die Materialien, die Mann bei seiner Arbeit an der Tetralogie verwendete, werden im Thomas-Mann-Archiv in Zürich aufbewahrt. Die Frage, wie Mann die einzelnen Quellen nutzte, bildet neben Studien zur Rolle des Mythos, Analysen zur Form des Romans und neben der theologischen Problematik einen umfangreichen Forschungsbereich innerhalb des literaturwissenschaftlichen Interesses an der Tetralogie.[36] Während seiner Arbeit am Josephsroman las Mann sowohl Fachliteratur als auch Belletristik. Als „Stimulans" oder „Stärkungslektüre"[37] dienten ihm unter anderem Goethes *Faust* und *Tristram*

---

[32] Ibid.: 654.

[33] In Kerényi 1945: 19, Brief Thomas Manns an Karl Kerényi vom 20.02.1934.

[34] Ibid.: 15, Brief Thomas Manns an Karl Kerényi vom 27.01.1934.

[35] In GW XI 1990a: 656, Vortrag *Joseph und seine Brüder*.

[36] Vgl. Kurzke 1991: 243. Dort finden sich auch Verweise auf weitere Literatur.

[37] In GW XI 1990a: 664, Vortrag *Joseph und seine Brüder*.

Shandy von Laurence Sterne. An Fachliteratur studierte er zum Beispiel *Das Alte Testament im Lichte des Alten Orients* von Alfred Jeremias, *Die Sagen der Juden* und *Die Wirklichkeit der Hebräer. Einleitung in das System des Pentateuch* von Oskar Goldberg, *Urwelt, Sage und Menschheit* von Edgar Dacqué, die *Gesammelten Werke* Sigmund Freuds, *Urreligion und antike Symbole* von Johann Jakob Bachofen und *Die Geheimnisse des Ostens* von Dmitri Mereschkowski. Darüber hinaus las er auch verschiedene ägyptologische Literatur.[38]

Seine wichtigste Quelle war jedoch die *Bibel*, insbesondere die *Genesis* (*Erstes Buch Mose*) aus dem *Alten Testament*. Mann arbeitete nicht nur die zentrale Josephslegende zu einer epischen Erzählung aus, sondern auch ältere Legenden (Rebekka und Isaak, Abraham etc.). Manns Einstellung zur *Bibel* war dabei kritisch. Er „st[and] zur *Bibel* im Verhältnis nüchterner Sachlichkeit",[39] betrachtete sie jedoch als beständige Quelle, die ihm beim Schreiben des Romans als interessante literarische Sammlung unterschiedlicher Mythen, Legenden und historischer Berichte zur Verfügung stand, und entlehnte ihr den Handlungsverlauf seines Romans. Die Lektüre diente Mann als künstlerische Inspiration, er nutzte sie „zur Erquickung und Belebung mythischer Stimmung".[40] Gleichzeitig bildete sie den wissenschaftlichen und sachlichen Hintergrund seiner Arbeit.[41]

3.1 Erzählen als Fest und als Reise in die Vergangenheit

In der Tetralogie *Joseph und seine Brüder* wird vor dem Leser eine umfangreiche narrative Welt ausgebreitet, die mehrere Schichten umfasst. Markante Komponenten des fiktionalen Textes sind – neben der eigentlichen alttestamentarischen Geschichte von Joseph und seinen Brüdern – die Stimme des Erzählens selbst und die kommentierende Stimme des Erzählers. Beide Ebenen sind gleichwertige Bestandteile des Romans und auch Mann selbst betrachtete sie in diesem Falle als vollwertige künstlerische Mittel.[42] Die Geschichte wird als „gewagte[] Expedition "[43] in die Vergangenheit aufgefasst.

Verbindungskanal zu den weit zurückliegenden Ereignissen ist der „Brunnen der Vergangenheit".[44] Dieses zentrale Motiv nimmt im Laufe des Ro-

[38] Vgl. Kurzke 1993: 149–153.

[39] In Beck 1966: 14.

[40] In Kerényi 1945: 75, Brief Thomas Manns an Karl Kerényi vom 02.08.1939.

[41] Mehr zu den Quellen vgl. Hermsdorf 1976: 195–210.

[42] Vgl. GW XI 1990a: 655, Vortrag *Joseph und seine Brüder*.

[43] Ibid.: 659.

[44] In GW IV 1990: 9, *Höllenfahrt*.

mans die Gestalt einer Grube oder Zisterne, eines Grabes, eines Gefängnisses und der Unterwelt an. Mit dem Sturz in den Brunnen gelangt man in einen Bereich des Übergangs, insbesondere eines inneren Wandels der Persönlichkeit. Der Brunnen fungiert als Brücke zwischen zwei Welten, und der Aufenthalt in ihm ist stets mit einer essenziellen Erfahrung über den Menschen als solchen oder über die eigene Person verbunden. Gleichzeitig geht man niemals unverändert aus dem Brunnen hervor. In Manns Roman stürzt sich der Erzähler gemeinsam mit dem Leser in die unendlichen Tiefen der mythischen Geschichte. Jaakob gerät in mehrjährigen Dienst bei seinem Onkel Laban in der Unterwelt, nachdem er – ebenfalls am Brunnen – der geliebten Rahel begegnet ist. Am Brunnen spielt sich das einführende Gespräch zwischen Jaakob und Joseph ab. In einen Brunnen bzw. eine Grube wird Joseph von seinen Brüdern geworfen und gelangt auf diese Weise in das als Unterwelt konnotierte Ägypten, wo er nach der Szene mit Potiphars Weib ins Gefängnis geworfen wird.[45]

Mit einem ebensolchen Sprung in den Brunnen begibt sich der Erzähler des Romans auf eine „Höllenfahrt".[46] Die Bedeutung dieses Geschehens wird in der „anthropologische[n] Ouvertüre"[47] erläutert, in welcher der Erzähler mitteilt, dass er gemeinsam mit dem Leser „als [...] Abenteurer in die Vergangenheit"[48] fährt, und zwar mit einem einzigen Interesse: „d[em] Menschenwesen, das wir in der Unterwelt und im Tode aufsuchen, gleichwie Ischtar den Tammuz dort suchte und Eset den Usiri, um es zu erkennen dort, wo das Vergangene ist."[49] Die Reise in die Vergangenheit ist eine der vielen Varianten, mittels derer in Manns Josephsroman das mythische Schema der Unterweltsfahrt umgesetzt wird. Hierbei handelt es sich jedoch nicht um eine Vergangenheit, wie wir sie in Form der historischen Zeit kennen, die entlang einer linearen Achse kontinuierlich rückwärts gerichtet ist. Es ist eine andere Vergangenheit, für die die Regeln der mythischen Zeit gelten, es ist „die Vergangenheit des Lebens, die gewesene, die verstorbene Welt, der auch unser Leben einmal tiefer und tiefer gehören soll, der seine Anfänge schon in ziemlicher Tiefe gehören"[50]. Diese Vergangenheit ist auch deshalb eine mythische, weil sie „ist, [...]

---

45 Vgl. z. B. Hamburger 1984: 39–61. Auf diesen Seiten befasst sich Hamburger u. a. näher mit dem Motiv des Brunnens und der Tiefe in Manns Josephsroman sowie mit der motivischen Rolle Ägyptens für die Josephsgeschichte.

46 In GW IV 1990: 54, Kap. *Höllenfahrt.*

47 In GW XI 1990a: 659, Vortrag *Joseph und seine Brüder.*

48 In GW IV 1990: 53, Kap. *Höllenfahrt.*

49 Ibid.: 53f.

50 Ibid.: 53.

immer [ist], möge des Volkes Redeweise auch lauten: Es war"[51]. Sie ist zwar tot und gehört dem Bereich der Unterwelt an, dennoch umgibt sich der Mensch ständig mit ihr und vergegenwärtigt sie. Sie ist das Reservoir, in dem sich alle menschliche Erfahrung sammelt, eine Art kollektives Gedächtnis, aus dem man jederzeit lernen und Muster für das eigene, im Hier und Jetzt gelebte Leben beziehen kann.

Der „Brunnen der Vergangenheit" ist bodenlos, zu seinem Grund vorzudringen wäre ein übermenschliches Unterfangen:

> [...] denn nun gerade geschieht es, daß, je tiefer man schürft, je weiter hinab in die Unterwelt des Vergangenen man dringt und tastet, die Anfangsgründe des Menschlichen, seiner Geschichte, seiner Gesittung, sich als gänzlich unerlotbar erweisen und vor unserem Senkblei, zu welcher abenteuerlichen Zeitenlänge wir seine Schnur auch abspulen, immer wieder und weiter ins Bodenlose zurückweichen.[52]

Im Kapitel *Höllenfahrt* sucht der Erzähler nach einer zumindest relativ festen Verankerung seines Erzählens in der Zeit. Das Bestreben, den Anfang aller Dinge auszuloten, erweist sich als unrealistisch, da der tatsächliche Anfang in so ferner Vergangenheit liegt, dass man ihn nicht erreichen, geschweige denn beschreiben und erfassen kann. Daher muss man sich mit „Scheinhalte[n] und Wegesziele[n]" zufrieden geben, mit „lehmigen Dünenkulisse[n]",[53] hinter denen sich jeweils eine weitere Düne verbirgt. Wer will, kann die Dünen der Vergangenheit aufdecken und endlos mit dieser Sisyphosarbeit fortfahren. Im Interesse des Erzählens ist es daher erforderlich, sich mit „Anfänge[n] bedingter Art" zufriedenzugeben, welche jedoch „den Ur-Beginn der besonderen Überlieferung einer bestimmten Gemeinschaft, Volkheit oder Glaubensfamilie praktisch-tatsächlich bilden".[54] Für Joseph und die gesamte jüdische Gemeinschaft ist ein solch stellvertretender Anfang das Schicksal des Urvaters Abraham, des „Ur-Mannes",[55] eines Wanderers, den „geistliche Unruhe" und „Gottesnot" „in Bewegung gesetzt"[56] hatten. Doch auch die Bestimmung des Verwandtschaftsverhältnisses zwischen Joseph und Abraham erweist sich als vage und relativ, da zwischen ihnen schlichtweg einige Jahrhunderte liegen und das,

---

[51] Ibid.: 54.

[52] Ibid.: 9.

[53] Ibid.: 9.

[54] Ibid.: 9.

[55] Ibid.: 11.
Vgl. auch Schulz 2000: 83. Die Autorin verweist dort u. a. auf die doppeldeutige Bedeutung des Wortes „Ur-Mann" – im Sinne von „Urahne" und „Mann aus Ur". Dieses Wortspiel geht in der tschechischen Übersetzung des Romans verloren.

[56] In GW IV 1990: 14, Kap. *Höllenfahrt.*

„[w]as uns beschäftigt, [...] nicht die bezifferbare Zeit“[57] ist. Abraham begleitet Joseph jedoch in verschiedener Form das ganze Leben hindurch, sei es in Form seiner Neigung zum Mond oder durch die Anwesenheit des Lehrers und Dieners Eliezer.[58] Und auch Jaakob trägt Züge Abrahams, da er von Gott geprüft wurde, auch wenn er die Prüfung nicht bestanden zu haben meint.[59] Für das jüdische Volk ist Abraham ein solch stellvertretender Anfang, da er Gott „entdeckte“ und einen Bund mit ihm schloss.[60]

Im Vorangegangenen blieb jedoch ungeklärt, welche Prinzipien dem Erzählen in Manns Roman zugrunde liegen. In dem „phantastische[n] Essay“[61] *Höllenfahrt* spricht der Erzähler davon, dass er mit dem Leser an einem „Todesfest“[62] teilnimmt. Dieses Fest ist ebenjene „Höllenfahrt“, die Reise in die Tiefen der mythischen Vergangenheit, welche tot und gerade deshalb immer gegenwärtig ist. Der Tod gewinnt im Kontext des Romans eine spezifische Bedeutung, und zwar vor allem in Verbindung mit der Auffassung von Zeit:

> Sterben, das heißt freilich die Zeit verlieren und aus ihr fahren, aber es heißt dafür Ewigkeit gewinnen und Allgegenwart, also erst recht das Leben. Denn das Wesen des Lebens ist Gegenwart, und nur mythischer Weise stellt sein Geheimnis sich in den Zeitformen der Vergangenheit und der Zukunft dar.[63]

Erzählen ist an vergangene, quasi bereits tote Ereignisse geknüpft. Im Akt des Erzählens kommt es zu einer Vergegenwärtigung dieser Ereignisse, die dadurch mit „wahrem Leben“ erfüllt werden, und die Einbindung des Erzählens in die Gegenwart geht mit einer Bindung an den Mythos einher, der das gegenwärtige Erzählen zu Vergangenheit und Zukunft in Bezug setzt. Das Erzählen tritt damit aus der Zeit – der linearen, historischen Zeit – heraus.

Diese spezifischen Zeitrelationen sind dem bereits mehrmals erwähnten Begriff des „Fests“ inhärent, dessen Inhalt in Manns Roman insbesondere im Kapitel *Der Adonishain* deutlich wird.[64] Charakteristisch für das Fest ist ein andersartiger Lauf der Zeit. Die Frauen, von denen im genannten Kapitel die Rede ist, sind für die Zeit des Fests aus der gewöhnlichen Zeit aus- und in eine heilige Zeit eingetreten, in der eine ursprüngliche mythische Realität und Er-

---

57 Ibid.: 32.

58 Vgl. ibid.: 419–424, Kap. *Vom ältesten Knechte.*

59 Vgl. ibid.: 103–108, Kap. *Die Prüfung.*

60 Vgl. ibid.: 425–435, Kap. *Wie Abraham Gott entdeckte.*

61 In GW XI 1990a: 659, Vortrag *Joseph und seine Brüder.*

62 In GW IV 1990: 54, Kap. *Höllenfahrt.*

63 Ibid.: 53.

64 Ibid.: 440–459, Kap. *Der Adonishain.*

fahrung aktualisiert wird. Sie sind mit der ontologischen Zeit in Kontakt getreten und haben sich an den Anfang aller Dinge begeben. Während des Fests durchleben sie daher in authentischer Weise die Urerfahrung der Göttin Ischtar und suchen „ihre[n] Sohn[], Bruder[] und Gatten, de[n] Tammuz-Adoni".[65] Joseph führt Benjamin an den heiligen Ort und beschreibt ihm, wie das Fest der Hebroner Frauen vonstattengeht: Jede der Frauen sucht in der Rolle der Göttin Ischtar den vermissten Herrn, und wenngleich sie im gewöhnlichen Leben weiß, dass Tammuz zerrissen und tot ist, bleibt ihr diese Information während der Teilnahme am Fest bis zu einem ganz bestimmten Moment vorenthalten:

> Das ist das Fest. Sie wissen es, weil es einst entdeckt wurde, und wissen es noch nicht, weil die Stunde, es wieder zu entdecken, noch nicht gekommen ist. Im Fest hat jede Stunde ihr Wissen, und jede der Frauen ist die suchende Göttin, ehe sie gefunden hat.[66]

Die am Fest teilnehmenden Frauen haben den linearen Lauf der historischen Zeit verlassen und sind in eine heilige Zeit eingetreten, die periodisch zu vorgegebenen Zeiten im Jahr wiederkehrt und den Alltagsrhythmus durchbricht. Der tote Tammuz wird daraufhin von den Frauen in einen Sarg in einer Höhle gelegt und betrauert. Nach drei Tagen ersteht Tammuz jedoch von den Toten auf, und diese frohe Botschaft wird von allen gefeiert. Benjamin gibt Joseph in seiner unbedarften Sprache immer wieder Vorwand zu Erklärungen. So bemerkt er zum Beispiel: „‚Was für ein herrliches Fest in allen seinen Stunden! Und dem Herrn ist nun also das Haupt erhöht für dieses Jahr, aber er kennt die Stunde, da Ninib ihn wieder schlagen wird im Grünen.'"[67] Joseph korrigiert ihn und charakterisiert damit das Wesen des Fests, während dessen die Dinge aus Sicht der historischen Zeit periodisch, aus Sicht der mythischen Zeit jedoch immer zum ersten Mal geschehen: „‚Nicht ‚wieder' [...] ‚Es ist immer das eine und erste Mal.'"[68] Jenes Wesen des Fests beruht also tatsächlich auf einer anderen Auffassung von Zeit. Diese ist, mit den Worten Mircea Eliades,

> eine *mythische Zeit*, eine primordiale, mit der historischen Vergangenheit nicht identifizierbare Zeit, eine *Ursprungszeit* in dem Sinn, daß sie „mit einem Schlag"

[65] Ibid.: 440.
[66] Ibid.: 448.
[67] Ibid.: 454.
[68] Ibid.: 454.

anbrach, ohne daß ihr eine andere Zeit vorausgegangen wäre, denn es konnte keine Zeit geben *vor der Erscheinung der im Mythos berichteten Realität.*[69]

Ein solches Fest ist auch jegliches Erzählen, denn in ihm wird die Vergangenheit in Form längst vergangenen Lebens vergegenwärtigt, das dem Menschen jedoch direkt und unmittelbar nicht zugänglich ist. Das Kleid, welches das Geheimnis verdeckt, ist der Mythos und „des Geheimnisses Feierkleid ist das Fest, das wiederkehrende, das die Zeitfälle überspannt und das Gewesene und Zukünftige seiend macht für die Sinne des Volks"[70]. Wesen des Geheimnisses ist, dass der Mensch zu ihm keinen Zugang hat, er kann sich ihm nur annähern, und zwar am besten durch ebendieses „Fest der Erzählung". Erzählen wird so zu einem feierlichen Ereignis, das vom Erzähler zeremoniell angerufen, heraufbeschworen und vergegenwärtigt wird:

> Fest der Erzählung, du bist des Lebensgeheimnisses Feierkleid, denn du stellst Zeitlosigkeit her für des Volkes Sinne und beschwörst den Mythus, daß er sich abspiele in genauer Gegenwart! Todesfest, Höllenfahrt, bist du wahrlich ein Fest und eine Lustbarkeit der Fleischesseele, welche nicht umsonst dem Vergangenen anhängt, den Gräbern und dem frommen Es war.[71]

Der Erzähler bringt damit selbst die Grundprinzipien und Gesetzmäßigkeiten des Romans zum Ausdruck. Dieser ist die epische Umsetzung des im Vorspiel *Höllenfahrt* dargelegten theoretischen Konzepts.

Das „Fest des Erzählung" realisiert sich auch innerhalb der Geschichte von Joseph und seinen Brüdern: In den sogenannten Schönen Gesprächen werden Geschichten aktualisiert, die dem kollektiven Gedächtnis der jeweiligen Gemeinschaft angehören und durch deren Erzählen sich die Gesprächspartner gegenseitig darin bestärken, dass das erinnerte Ereignis in gleicher Form in ihrem Gedächtnis gespeichert ist. Zur Form der „Schönen Gespräche" gehört daher auch ein bestimmtes Repertoire an Formeln, mit denen die einzelnen Repliken eingeleitet werden. Dies sind z. B. die Sätze: „‚Das weiß ich wie du'", „‚So war es in Wahrheit' [...]", „‚Du sagst es recht' [...]", „‚Du weißt es unübertrefflich' [...]", „‚Ja, ja! Du sagst es aus, wie es war' [...]".[72] Das erste „Schöne Gespräch" findet zwischen Jaakob und Joseph statt und wird bei dieser Gelegenheit vom Erzähler folgendermaßen charakterisiert:

---

[69] In Eliade 1985: 65. Eliades Zeitcharakteristiken stimmen in einzigartiger Weise mit der Zeitauffassung in Manns Tetralogie überein. Vgl. auch ibid.: insbes. 61–99, Kap. *Die heilige Zeit und die Mythen.*

[70] In GW IV 1990: 54, Kap. *Höllenfahrt.*

[71] Ibid.: 54.

[72] Ibid.: 117f., Kap. *Zwiegesang.*

> [...] ein ‚Schönes Gespräch',[73] das hieß: ein solches, das nicht mehr dem nützlichen Austausch diente und der Verständigung über praktische oder geistliche Fragen, sondern der bloßen Aufführung und Aussagung des beiderseits Bekannten, der Erinnerung, Bestätigung und Erbauung, und ein redender Wechselsang war, wie die Hirtenknechte ihn tauschten des Nachts auf dem Felde am Feuer und anfingen: „Weißt du davon? Ich weiß es genau."[74]

Während eines „Schönen Gesprächs" werden alle Fragen nur zum Schein gestellt, da von vornherein klar ist, dass die anderen die Antwort genauso gut kennen wie der Fragende. Es ist ein Moment, in dem sich alle Beteiligten gemeinsam in die Vergangenheit begeben und in einem fingierten Gespräch erzählend Altvertrautes vergegenwärtigen.

In den „Schönen Gesprächen" kehren die Beteiligten zu einem der vielen „bedingten Anfänge" zurück, aus denen sie den Ursprung ihrer persönlichen Dinge oder auch die Anfänge der Gemeinschaft ableiten, der sie angehören. Die „Schönen Gespräche" sind daher schon von ihrem Wesen her ein „Feierkleid",

---

73 Die von Thomas Mann im gesamten Text einheitlich verwendete Formulierung „Schönes Gespräch" wird in Ivan Olbrachts tschechischer Übersetzung des Romans weniger adäquat mit mehreren Äquivalenten wiedergegeben: zunächst mit „„krásná rozmluva'" – „„schönes Gespräch/schöne Unterredung'" – (vgl. Mann 1959: 97, Kap. *Dvojzpěv*) für „„ein Schönes Gespräch'" (vgl. GW IV 1990: 116, Kap. *Zwiegesang*). Bei dieser ersten Erwähnung respektiert Olbracht zwar die vom Autor verwendeten Anführungszeichen, nicht aber die Verwendung des großen Anfangsbuchstabens beim Adjektiv. Weiterhin: „v Krásných rozmluvách" – „in Schönen Gesprächen/Unterredungen" – (vgl. Mann 1959: 306, Kap. *Strakaté*) für „im Schönen Gespräch" (vgl. GW IV 1990: 353, Kap. *Die Gesprenkelten*). In diesem Falle ersetzt Olbracht den ursprünglichen Singular durch die Pluralform und schreibt das Adjektiv mit großem Anfangsbuchstaben. Für eine weitere ähnliche Übersetzung vgl. Mann 1959: 153, Kap. *Řež* und GW IV 1990: 180, Kap. *Das Gemetzel*. Weitere von Olbracht verwendete Äquivalente sind „při ‚krásných' rozpravách" – „bei ‚schönen' Gesprächen/Erörterungen" – (vgl. Mann 1959: 139, Kap. *Jákob táboří u Šekemu*) für „Gegenstand ‚Schöner' Gespräche" (vgl. GW IV 1990: 163, Kap. *Jaakob wohnt vor Schekem*). Hier wird im tschechischen Text wie im deutschen Original die Pluralform verwendet. Das letzte von Olbracht eingesetzte Äquivalent ist schließlich die Wortverbindung „Krásné rozhovory" – „Schöne Gespräche" – (vgl. Mann 1959: 242, Kap. *O Lábanově bohatnutí*) für „von [...] Schönen Gesprächen" (vgl. GW IV 1990: 281, Kap. *Von Labans Zunahme*).
Die Heterogenität bzw. Uneinheitlichkeit von Olbrachts Übersetzung gibt zwar die Bedeutungsfülle des deutschen Wortes „Gespräch" wieder, sie erschwert jedoch – liest man nur die tschechische Übersetzung – die Identifikation dieser Wortverbindung, die innerhalb des Romans einen ganz konkreten Bedeutungsgehalt annimmt und als ganzheitlicher Begriff u. a. zu der Formulierung „Fest der Erzählung" in Beziehung tritt.

74 In ibid.: 116, Kap. *Zwiegesang*.
Im Originaltext wie auch in Olbrachts tschechischer Übersetzung des Romans sind die letzten beiden Sätze des Zitats (direkte Rede) nicht durch Anführungszeichen voneinander getrennt.

welches das Geheimnis des Lebens, wie es sich in der Vergangenheit tatsächlich zugetragen hat, verdeckt. Anhand dieser Gespräche wird zudem deutlich, wie sich durch mündliche Tradierung bestimmter Ereignisse die Dinge beschönigend so entstellen lassen, dass sie zur Bestärkung der jeweiligen Gemeinschaft dienen können. So z. B. im Falle des Massakers von Schekem, in dem die im gleichnamigen Kapitel[75] erzählte Geschichte Dinas gipfelt und das

> später so viel Anlaß zu Sang und beschönigender Sage gab – beschönigend im Sinne Israels, was die Reihenfolge der Geschehnisse betraf, die zum Äußersten führten, wenn auch nicht in betreff dieses Äußersten selbst, an dem es nichts zu beschönigen gab und auf dessen Einzel-Entsetzlichkeit man im Schönen Gespräch sogar mit Prangen und Prahlen bestand.[76]

Die kritische Stimme des Erzählers, der die erzählten Ereignisse fortlaufend kommentiert, ist ein typischer Zug der Erzählstrategie von Manns Roman.

3.2 Die Struktur der mythischen Welt

In Manns Tetralogie entfaltet sich vor dem Leser Seite für Seite eine Welt mythischen Erzählens. Der Erzähler enthüllt schrittweise die Gesetzmäßigkeiten, denen die Vorgänge in dieser Welt unterliegen, und so nehmen jede Handlung, jedes einzelne Leben wie auch alle ausgesprochenen oder nur gedachten Worte zweierlei Bedeutung an. Alle Begebenheiten haben sich bereits zu einem früheren Zeitpunkt ereignet, denn:

> Es ist einmal so, daß der Mensch ganz vorwiegend in Schablonen und Formeln fertigen Gepräges denkt, also nicht wie er sich's aussucht, sondern wie es gebräuchlich ist nach der Erinnerung.[77]

Diese Welt ist in sich geschlossen und nichts, was geschieht, kann ihrer Kompaktheit und Vollkommenheit etwas anhaben, da sich letztlich alles aus ihr erklären lässt. Die Kugel, das geometrische Gebilde, das seit jeher Vollkommenheit symbolisiert, ist in Form des Leitmotivs der „rollenden Sphäre" in der Erzählstruktur präsent. Das Prinzip, das dem Funktionieren der mythischen Welt zugrunde liegt, wird zum einen vom Erzähler explizit erläutert, zum anderen ist es Bestandteil der tektonischen Schicht des Textes.[78]

---

75 Vgl. ibid.: 152–184, Kap. *Die Geschichte Dina's.*

76 Ibid.: 180, Kap. *Das Gemetzel.*

77 In GW V 1990: 683, Kap. *Zum Herrn.*

78 Vgl. Heller 1970: 284. Heller bezeichnet die Vorstellung von der rollenden Sphäre als „das tektonische Prinzip der Welt von *Joseph und seinen Brüdern*".

Die Vorstellung von der Welt wird vom Erzähler in ein einziges geometrisches Gebilde projiziert. Die Sphäre, die „sich aus einer oberen und einer unteren, einer himmlischen und einer irdischen Halbsphäre“[79] zusammensetzt, ist ständig in rotierender Bewegung. Beide Hälften, die himmlische und die irdische, bilden zusammen ein harmonisches Ganzes. Alles, was „unten“ geschieht, geschah irgendwann auch „oben“ - und umgekehrt. Wann und wo es sich erstmals ereignete, lässt sich nicht sagen, weil „Himmlisches und Irdisches sich ineinander wiedererkennen“.[80] Dabei ist es nahezu unmöglich, zu bestimmen, welche der Hälften sich gerade oben und welche sich unten befindet. Daraus folgt, dass sich „kraft der sphärischen Drehung, das Himmlische ins Irdische, das Irdische ins Himmlische [wandelt], und daraus erhellt, daraus ergibt sich die Wahrheit, daß Götter Menschen, Menschen dagegen wieder Götter werden können“.[81] Beide Halbsphären sind existenziell voneinander abhängig. Die irdische Halbsphäre würde ohne die himmlische ihren tieferen Sinn verlieren, „[d]enn was oben ist, kommt herunter; aber das Untere wüßte gar nicht zu geschehen und fiele sozusagen sich selber nicht ein ohne sein himmlisches Vorbild und Gegenstück“[82]. Die im Text entworfene Welt wäre defekt und unvollständig. Josephs Sturz in die Grube, in die er von seinen Brüdern geworfen wird, bliebe ein bloßes dreitägiges Leiden am Grunde dieses Brunnens und die gesamte Symbolik des Grabes, der Reise in die ägyptische Unterwelt wie auch Josephs Figuration als Christus mit Märtyrertod und nachfolgender Auferstehung ginge verloren.[83]

In der Tetralogie oszillieren jedoch die Geschichten unablässig zwischen den Randlagen an den Polen der rollenden Sphäre, die alles, was außerhalb dieser Welt als unversöhnbarer Gegensatz erscheint, zu einem harmonischen Ganzen verbindet: transzendente vs. immanente Phänomene, Metaphysik vs. Metaphysikverzicht etc.[84] Jede der Figuren „existier[t] einmal als mythisch-göttlicher Archetyp und zum andern [sic!] als dessen irdisches Abbild; ihre Ge-

---

[79] In GW IV 1990: 190, Kap. *Der Rote.*

[80] Ibid.

[81] Ibid.

[82] Ibid.: 423, Kap. *Vom Ältesten Knechte.*

[83] Vgl. Marx 2002: insbes. 129–196. Dort befasst sich der genannte Autor detailliert mit dem Thema der Christusfigurationen in der Tetralogie. Vgl. auch Kurzke 1993: 102. Auf dieser einen Seite fasst Kurzke einige der Indikatoren zusammen, die Joseph im Text typologisch in die Nähe von Christus rücken. Dies ist u. a. der Verkauf Josephs an die Ismaeliter oder auch die Geburt durch die Jungfrau Rahel, wie Jaakob seine geliebte Frau nennt.

[84] Vgl. Dierks 1972: 110.

schichte spielt ‚oben' und ‚unten' zugleich".[85] Die Doppeldeutigkeit und potenzielle Geweihtheit des gesamten Geschehens gehört in die Logik der narrativen Welt, und so lässt sich „der ganze Joseph-Roman […] als die Konkretisierung dieser einen epischen Idee begreifen".[86]

Das Prinzip der rollenden Sphäre spiegelt sich auf unterschiedlichen Ebenen insbesondere in der Geschichte Josephs wider, denn gerade diese ist kontinuierlich sowohl mit dem Himmel als auch der Unterwelt verbunden. Im Einführungskapitel der *Geschichten Jaakobs* sitzt Joseph im Mondschein in der Nähe eines heiligen Baums am Rande des Brunnens und blickt zum Himmel empor. Die Szene weist sämtliche Merkmale eines heiligen Raums auf:[87] Es findet sich hier ein Bruch in der Homogenität des umgebenden Raums, symbolisiert „durch eine ‚Öffnung' […], die den Übergang von einer kosmischen Region zur anderen ermöglicht (vom Himmel zur Erde und umgekehrt, von der Erde in die Unterwelt)".[88] Zu dem nachdenklichen Joseph am Brunnen gesellt sich Jaakob mit den Worten: „‚Es sitzt das Kind an der Tiefe?'"[89] Mit der Verbindung der Wörter „Kind" und „Tiefe" in einem Satz nimmt Jaakob furchtsam das Schicksal des Sohnes vorweg. Jaakobs Denkart ist mythisch-archaisch, und deshalb mengt sich in seinen Gedanken, „ihn vertiefend und heiligend", „die Idee der Unterwelt und des Totenreiches"[90] ein.

Die Figur Josephs wird daraufhin in ein dichtes Netz mythischer Beziehungen verwoben. Innerhalb des Romans kommen ihr unterschiedliche Rollen zu, denen mythische Schemata verschiedener Kulturen zugrunde liegen. Zur Illustration soll das Beispiel der beiden wichtigsten von Joseph übernommenen Rollen genügen. Die erste Rolle ist die des babylonischen Gottes Tammuz-Osiris, der mit Unterwelt, Tod und Wiedergeburt assoziiert ist.[91] Als der, der dem Höchsten dienen will, befindet sich Joseph plötzlich in der Tiefe, der Unterwelt. Wie Tammuz jedes Jahr aus der Unterwelt auf die Welt kommt, wird auch Joseph aus dem Grabe befreit. In diesem Sinne kann er auch als „der Usiri des Ostens" oder als „Adonai"[92] bezeichnet werden. Mit Tammuz verbindet Joseph nicht nur das Unterwelt-Schicksal, sondern auch das Schicksal des

[85] In Berger 1971: 50.

[86] Ibid.: 47.

[87] Vgl. Eliade 1985: 21–60.

[88] Ibid.: 36.

[89] In GW IV 1990: 70, Kap. *Der Vater.*

[90] Ibid.: 93, Kap. *Der Name.*

[91] Vgl. Prosecký 2003: 56–59. Für eine kurze Übersicht über die einzelnen Rollen, die sich Joseph zuordnen lassen, vgl. auch Kurzke 1993: 63–70.

[92] In GW IV 1990: 131, Kap. *Wer Jaakob war.*

Geopferten und Zerrissenen. Ein weiterer Name für Tammuz wie auch für Joseph ist Dumuzi, Sohn der rechten Frau. Nach Ägypten kommt er jedoch als Osarsiph-Osiris.[93]

In Ägypten ist Joseph Schritt für Schritt erfolgreicher und allmählich wandelt sich seine mythische Rolle in die des antiken Gottes Hermes.[94] Joseph wird zur rechten Hand Mont-kaws, der Verwalter im Hause des Potiphar ist und dem er allabendlich Gute Nacht sagen muss. Auch als der schwer kranke Mont-kaw auf dem Sterbebett liegt, tröstet ihn Joseph mit beruhigenden Worten. Joseph begleitet Mont-kaw in das Totenreich, wie ihn selbst einst die Ismaeliter nach Ägypten geleiteten. Dem Sterbenden, der für ihn eine Art Vater-Ersatz ist, flüstert er zu:

> „Friede sei mit dir!" [...] „Ruhe selig, mein Vater, zur Nacht! Siehe, ich wache und sorge für deine Glieder, während du völlig sorglos den Pfad des Trostes dahinziehen magst und dich um nichts mehr zu kümmern brauchst, denke doch nur und sei heiter: um gar nichts mehr! [...] Aus ist's mit Plack und Plage und jeglicher Lästigkeit. [...] Denn was ist, das ist, und was war, das wird sein."[95]

Auch die weiteren Indizien, die Josephs Nähe zu Hermes erkennen lassen, sind mit seinem Aufenthalt in Ägypten verknüpft. Joseph verbindet die himmlische und die irdische Sphäre, da er als Götterbote die Fähigkeit besitzt, Träume zu deuten. Der Pharao erhöht ihn daraufhin und Joseph erhält den Namen des Lebens: Er wird „Der Ernährer" genannt:

> Seine Rolle und Aufgabe im Plan war die des in die große Welt versetzten Bewahrers, Ernährers und Erretters der Seinen, wie wir sehen werden, und alles spricht dafür, daß er sich dieses Auftrages bewußt war, ihn jedenfalls im Gefühl hatte und seine weltlich-verfremdete Lebensform nicht als die eines Ausgestoßenen, sondern eben nur als eines zu bestimmten Zwecken Abgesonderten verstand, und daß hierauf sein Vertrauen auf die Nachsicht des Herrn der Pläne sich gründete.[96]

Joseph soll in fetten und mageren Jahren für das gesamte Ägypterland sorgen, und dies gelingt ihm auch. Er mehrt den Besitz des Pharaos, gleichzeitig beschützt er das ägyptische Volk, weshalb er auch „Guter Hirte des Volks" ge-

---

93 Osiris wurde von Set in Stücke gerissen, weil er eine Nacht mit Nebthot anstelle von Isis verbracht und dabei Anup gezeugt hatte. Isis sammelte die einzelnen Teile des toten Osiris auf und zeugte mit dem Toten den Sohn Hor. Vgl. Kurzke 1993: 100f. wie auch GW IV 1990: 286–293, Kap. *Der Üble*. In diesem Kapitel spricht Jaakob im Traum mit Anup, der ihm die Geschichte seiner Geburt erzählt.

94 Zur Figur des Hermes vgl. z. B. Zamarovský 2000: 178f., Berger 1971: 250–272.

95 In GW V 1990: 998f., Kap. *Bericht von Mont-kaws bescheidenem Sterben*.

96 Ibid.: 1516, Kap. *Das Mädchen*.

nannt wird.[97] Diesbezüglich verhält er sich ganz wie Hermes, der Gott der Kaufleute. Als seine Brüder nach Ägypten kommen, um Lebensmittel zu kaufen, lässt er sie während ihrer Reise durchs Land schützen und begleiten. Auch hier fungiert er als Hermes – als Schutzgott der Hirten und Reisenden.

Je erfolgreicher und berühmter Joseph in Ägypten wird, desto mehr lieben und bewundern ihn die Menschen. Joseph „wächst wie an einer Quelle"[98] und wird von den Menschen für einen Gott gehalten, sie sehen in ihm Adonis:

> [d]enn es war wohl durchgesickert, daß er asiatischer Herkunft war, und so fand man es passend, – zumal die Frauen fanden es so –, ihm den Namen des syrischen ‚Herrn' und Bräutigams zuzurufen, nicht zuletzt auch, weil der Erhöhte so schön und jung erschien.[99]

Damit sind Josephs mythische Rollen jedoch nicht erschöpft. So steht er z. B. in der Rolle des Ödipus vor der Sphinx,[100] darüber hinaus lassen sich auch Passagen finden, in denen er typologisch mit Christus in Verbindung gebracht wird. So war z. B. gleich nach seiner Geburt „um dies Neugeborene, unnennbar, gleichwie ein Scheinen von Klarheit, Lieblichkeit, Ebenmaß, Sympathie und Gottesannehmlichkeit [...]".[101] Joseph wird ins Grab bzw. in eine Grube geworfen, aus der er erst nach drei Tagen wieder hinausgelangt, als er von den Ismaelitern aus dieser herausgezogen und daraufhin seinen Brüdern abgekauft wird. Josephs Grab wird von einem Schutzengel bewacht.[102] Und auch, was seine Herkunft betrifft, ähnelt er Christus – wurde er doch von der Jungfrau Rahel zur Welt gebracht:

> [...] so versteifte er [Jaakob] sich darauf, in Rahel, der Gebärerin, eine himmlische Jungfrau und Muttergöttin zu sehen, eine Hathor und Eset mit dem Kind an der Brust – in dem Kinde aber einen Wunderknaben und Gesalbten, mit dessen Auftreten der Anbruch gelächtervoller Segenszeit verbunden war und der da weiden werde in der Kraft Jahu's.[103]

---

[97] Ibid.: 1486, Kap. *Die Vergoldung.*

[98] Vgl. ibid.: 923–934, Kap. *Joseph wächst wie an einer Quelle.*

[99] Ibid.: 1482, Kap. *Die Vergoldung.* Vgl. auch GW IV 1990: 440–459, Kap. *Der Adonishain.*

[100] Vgl. Kurzke 1993: 69 und GW V 1990: 743–752, Kap. *Joseph bei den Pyramiden.*

[101] In GW IV 1990: 348, Kap. *Die Geburt.* Zu den christologischen Motiven in Manns Josephsroman vgl. Berger 1971: 146–176.

[102] Diese Figur tritt in Manns Roman insgesamt dreimal auf. Zum ersten Mal in Gestalt von Josephs Führer („der Mann auf dem Felde"), als dieser seine Brüder sucht, später als Wächter am leeren Grab und letztmals als Führer der Ismaeliter durch die Wüste. Mit Kurzke kann er als Engelsfigur interpretiert werden. Vgl. Kurzke 1993: 15–17.

[103] In GW IV 1990: 349, Kap. *Die Gesprenkelten.*

Jaakob sieht in Joseph zudem weiterhin „das [zu opfernde] Lamm".[104] Anhand des Zitats wird darüber hinaus sehr gut die mythische Komplexität der Josephsfigur deutlich, in der sich in vielfältigster Weise hebräische, babylonische und ägyptische Mythen, griechische Mythen und christliche Tradition verschränken.

In Manns Roman leben daher Götter, Götzen und der eine, höchste Gott nebeneinander und bilden gemeinsam mit den Menschen die Welt der zwei Halbsphären. Obgleich er innerhalb der erzählten Geschichte verschiedene Rollen übernimmt, kann sich Joseph in dieser Welt seine eigene Persönlichkeit, seinen Charakter bewahren und bleibt trotz der von ihm ausgefüllten mythisch-typischen Rollen stets der Mensch Joseph, dessen „Ich" sich von der Welt der mythischen Typen abhebt. Er lebt seine eigene, einzigartige Geschichte, die zugleich das Potenzial hat, zu einem neuen Schema zu werden. Mythos heißt für Joseph Tradition. Durch den Mythos weiß er, wer er ist, und kennt seine Wurzeln. Er ist sich darüber bewusst, dass sich seine Halbsphäre derzeit „unten" befindet und er stets ein Mensch ist, der nur „wie" ein Gott sein kann. Zwar ist er auserwählt und gesegnet, doch sowohl seine Segnung als auch sein ganzes Leben sind für die irdische Welt bestimmt. Jaakob drückt diese Tatsache gleich in zweifacher Weise aus:

> „Du bist gesegnet, du Lieber, [...]. Doch weltlicher Segen ist es, nicht geistlicher. [...] Ich aber will's machen wie Gott, der dir gönnte, indem Er dir verweigerte. Du bist der Gesonderte. Abgetrennt bist du vom Stamm und sollst kein Stamm sein. Ich aber will dich erhöhen in Väter-Rang, dadurch, daß deine Söhne, die Erstgeborenen, sein sollen wie meine Söhne."[105]

Jaakob weiß, dass Joseph zwar gesegnet, aber „nur" irdisch ist, und bestätigt Josephs irdische Identität auch kurz vor seinem Tod:

> „[...] Und so segne ich dich, Gesegneter, aus meines Herzens Kraft in des Ewigen Namen, der dich gab und nahm und gab und mich nun von dir hinwegnimmt. Höher sollen meine Segen gehen, als meiner Väter Segen ging auf mein eigenes Haupt. **Sei gesegnet, wie du es bist, mit Segen von oben herab und von der unteren Tiefe**, mit Segen quellend aus Himmelsbrüsten und Erdenschoß! Segen, Segen auf Josephs Scheitel, und in deinem Namen sollen sich sonnen, die von dir kommen. [...]"[106]

---

[104] Ibid.: 350.

[105] In GW V 1990: 1741, Kap. *Von absprechender Liebe*.

[106] Ibid.: 1800, Kap. *Die Sterbeversammlung*. Hervorhebungen von O.Z.

Am Ende dieses Abschnitts soll zumindest in Grundzügen auf das im Roman entworfene Verhältnis zwischen dem Menschen und dem höchsten Gott eingegangen werden.[107]

Gott schuf den Menschen aus Sehnsucht nach Selbsterkenntnis. Der Mensch ist ein Geschöpf, das etwas vom Wesen der Engel (die bis auf die gefallenen Engel in „Oberen Rängen" leben) wie auch der Tiere (die Fähigkeit zur Fortpflanzung) in sich hat. Damit ist bereits im Wesen des Menschen der Spagat zwischen der Welt oben bei Gott und der Welt unten auf der Erde angelegt. Dies kommt auch in Josephs zweifacher Segnung zum Ausdruck, deren zentraler Satz im oben angeführten Zitat fett markiert ist. Gott ist jedoch auch vom Menschen abhängig, denn er kam nur deshalb in die Welt, weil Abraham (bzw. Abram) ihn aus Sehnsucht nach dem Höchsten „entdeckte"[108] und einen Bund mit ihm schloss, dessen Wesen gerade in dieser gegenseitigen Bindung, ja sogar Abhängigkeit besteht. Mit der Entdeckung Gottes erkannte Abraham sich selbst als ein von der umgebenden Welt abgegrenztes „Ich", das jedoch mit seiner Existenz am Wesen des Göttlichen teilhat. Indem er zum Gott des auserwählten Volkes wird, begibt sich der höchste Gott gleichzeitig auf die Stufe niedrigerer Götter und nähert sich hierarchisch an den Menschen an. Deshalb kann Joseph mit ihm verhandeln wie mit einem Partner, der mit den Menschen des Volkes Israel stets die besten Absichten hat. Jedes Ereignis gewinnt auf diese Weise auch einen Sinn im Hinblick auf die Geschichte des jüdischen Volkes. Gott hat mit dem Menschen Zukunftspläne, die er schrittweise verwirklicht. Deshalb kann sich Joseph auch in Ägypten voll und ganz auf ihn verlassen und vermag aus jeder Situation das Beste für sich und sein Volk herauszuholen. In dieser Welt kann – wenn die Sphäre sich dreht – auch Gott zu einem Menschen werden. Gott wird anthropomorphisiert und die menschliche Existenz nimmt eine heilige Dimension an. Die fiktive Welt in Manns Roman ist nach klar gegebenen Regeln und Gesetzmäßigkeiten geordnet. Zu diesen gehört auch das Prinzip, nach dem das, was oben ist, sein Pendant findet in dem, was unten ist.

---

107 Vgl. Hamburger 1984: insbes. 96–110. Auf den genannten Seiten findet sich ein Abschnitt mit dem Titel *Gott und die Götter*, in welchem Hamburger die Tetralogie insbesondere unter dem Aspekt des Verhältnisses zwischen Mensch, Gott und niedrigeren Gottheiten als „Roman der Seele" interpretiert. Vgl. dazu die zu dieser Thematik grundlegenden Passagen der Tetralogie: GW IV 1990: 39–55, Kap. *Höllenfahrt*; ibid.: 419–439, Kap. *Abraham*; GW V 1990: 1275–1287, Kap. *Vorspiel in Oberen Rängen*.

108 Vgl. GW IV 1990: 425–435, Kap. *Wie Abraham Gott entdeckte*.

3.3 Mythische Identität

Die in der Tetralogie entworfene Welt ist Produkt des höchsten Gottes. Sie ist sphärischer Gestalt und dreht sich beständig. Erzählen wird als Reise in die Tiefen der Vergangenheit, das heißt zu den Anfängen der menschlichen Existenz, aufgefasst. Ein definitiver Ursprung ist jedoch schwer bzw. gar nicht zu erreichen. Deshalb reist auch der Erzähler mit dem Leser „[n]icht viel tiefer als dreitausend Jahre tief – und was ist das im Vergleich mit dem Bodenlosen?".[109] Die in so ferner Vergangenheit lebenden Menschen sind dem heutigen Menschen in vielem ähnlich, allerdings nur, wenn man „einige träumerische Ungenauigkeit ihres Denkens als leicht verzeihlich in Abzug"[110] bringt. Und gerade diese Ungenauigkeiten, insbesondere in Verbindung mit der Zeit- und Selbstwahrnehmung, definieren ihre „andere" Existenz, die auch als mythische Existenz bezeichnet werden kann. In diesem Abschnitt sollen die Prinzipien erläutert werden, die der Konstruktion der einzelnen Figuren im Josephsroman zugrunde liegen. Die Betonung soll dabei in erster Linie auf allgemeinen Vorgehensweisen liegen, gleichzeitig soll jedoch deutlich werden, dass vor allem bei der Figur Josephs etliche Spezifika zu berücksichtigen sind, die Joseph tatsächlich zur Hauptfigur des Romans machen.

Die in der Tetralogie auftretenden Figuren sind archaische und religiöse Menschen, „[...] denn der Mensch war das kleine All, das dem großen genau entsprach [...]",[111] und die Welt wurde von Gott geschaffen. Die Existenz der Welt ist Teil des göttlichen Plans, sie „[...] ‚will etwas sagen'. Die Welt ist weder stumm noch undurchsichtig, sie ist kein lebloses Ding ohne Ziel und ohne Bedeutung",[112] und der religiöse Mensch ist an der Bildung ihres Sinns beteiligt. Die Persönlichkeit der Romanfiguren ist zur Vergangenheit hin geöffnet. Dies wird am Beispiel Eliezers verdeutlicht, dessen „[...] Ich sich nicht als ganz fest umzirkt erwies, sondern gleichsam nach hinten offenstand, ins Frühere,

---

109 In ibid.: 54, Kap. *Höllenfahrt.*

110 Ibid.: 54.

111 Ibid.: 405, Kap. *Der Unterricht.*

112 In Eliade 1985: 144f., vgl. weiterhin ibid.: 141–150. Eliade beschreibt übereinstimmend mit Mann viele allgemeingültige Züge, die sowohl auf die Figuren der Tetralogie als auch auf die fiktive Welt zutreffen, in der sich diese bewegen. Der religiöse Mensch, der „homo religiosus", nimmt sich laut Eliade selbst als Mikrokosmos wahr und hat mit seinem Leben an der Heiligkeit der Welt teil. Die Welt existiert dabei gerade deshalb, weil sie von den Göttern geschaffen wurde, mit denen der religiöse Mensch kontinuierlich in Kontakt steht. Seine Existenz ist „‚weltoffen'", und durch die allmähliche Erkenntnis der Welt erkennt der Mensch auch sich selbst.

außer seiner eigenen Individualität Gelegene überfloß […].“[113] Die Figuren nehmen die Welt durch das hindurch wahr, was ihren Vorfahren oder den Göttern widerfahren ist, deren Geschichten sich in der oberen Hälfte der rollenden Sphäre abspielen:

> Sein Leben während der letzten fünfundzwanzig Jahre erschien seinem feierlichen Sinnen im Lichte kosmischer Entsprechung, als Gleichnis des Kreislaufs, als ein Auf und Ab von Himmelfahrt, Höllenfahrt und Wiedererstehen, als eine höchst glückliche Ausfüllung des wachstumsmythischen Schemas.[114]

Diese Urbilder dienen als „mythische Schemata“ und erleichtern die Orientierung in der Welt. Das mythische Schema ist zeitlos, bzw. es gehört nicht der Zeit im historischen Sinne dieses Wortes an. Ihm ist die Zeit des Mythos zu eigen, die sich durch ihr spezifisches Verhältnis zur Vergangenheit (Tradition), den Verweis auf die Zukunft (Schicksal, Mission) und, wenn das Schema mit einer konkreten Geschichte gefüllt wird, auch durch die Konzentration im gegenwärtigen Moment auszeichnet. Zu einem mythischen Urbild, auf das man sich beziehen kann, kann jede Geschichte oder Handlung werden, die sich erstmals in ferner Vergangenheit zutrug und die in solchem Maße beispielhaft oder universal ist, dass sie sich als Schema in aktualisierter Form auch künftig wiederholt. Jede Aktualisierung eines mythischen Schemas bedeutet dessen Vergegenwärtigung durch Wiederholung. Letztere ist einer der grundlegenden Prozesse der in Manns Josephsroman entworfenen mythischen Welt.

Für die Figuren der Tetralogie bedeutet dies, dass sie, wenn sie ihre Situation als Analogie zu einem mythischen Schema erkennen, weiter in den Spuren dieses Schemas gehen können.[115] Als ihre konkrete eigene Rolle neh-

---

113 In GW IV 1990: 122, Kap. *Mondgrammatik*.
Zur Konzeption der Figuren äußert sich Thomas Mann auch in seinem Vortrag *Joseph und seine Brüder*. In diesem spricht er von „[…] Menschen, die so recht nicht wußten, wer sie waren, oder die es auf eine frömmere Art wußten als das moderne Individuum: deren Identität nach hinten offenstand und Vergangenes mit aufnahm, dem sie sich gleichsetzten, in dessen Spuren sie gingen und das in ihnen wieder gegenwärtig wurde.“ In GW XI 1990a: 659f.

114 In GW IV 1990: 159, Kap. *Die Zurechtweisung*.

115 Das Motiv des „In-Spuren-Gehens“ wird von Thomas Mann in der Festansprache *Freud und die Zukunft* erläutert. Dort zitiert er aus der Arbeit eines nicht genannten Freud-Schülers, der seinen Begriff *„Gelebte Vita“* mit Beispielen aus Manns Josephstetralogie belegt und sich über den Roman dahingehend äußert, dass „dessen Grundmotiv geradezu diese Idee der ‚Gelebten Vita‘ sei, das Leben als Nachfolge, als ein In-Spuren-Gehen, als Identifikation, wie besonders Josephs Lehrer Eliezer sie in humoristischer Feierlichkeit praktiziert […].“ Vgl. GW IX 1990a: 478–501, zit. 492f.
Mann stimmt dieser gedanklichen Verbindung zu und ergänzt, der Begriff „gelebte Vita“ könne bezüglich seines Romans durch den Begriff „gelebter Mythus“ ersetzt werden.

men sie dabei eine mythische Rolle an,[116] mit der sie sich in der jeweiligen Situation identifizieren. So schickt z. B. Jaakob Joseph zu seinen Brüdern auf die Weiden bei Schekem, damit er sich nach einem Streit mit diesen versöhnt, und

> [w]ährend der kleinen Vorbereitungen, die Josephs Ausflug erforderte, fühlte Jaakob sich sinnig-bedeutend an vergangene Schicksalstage erinnert: an seine eigene Abfertigung von zu Hause durch Rebekka nach der von ihr geleiteten Segensvertauschung, und seine Seele war voll feierlicher Empfindung der Wiederkehr. Man muß sagen, daß es eine gewagte Zusammenschau war, die er da anstellte; denn seine Rolle hielt den Vergleich nicht aus mit der Rebekka's, dieser heldenmütigen Mutter, die wissend ihr Herz geopfert, den richtigstellenden Betrug gefügt und dann, im Bewußtsein wahrscheinlichen Nimmerwiedersehens, den Liebling in die Fremde entlassen hatte. Das Thema unterlag mancher Abwandlung. Es war wohl so, daß auch Joseph vor der Wut verkürzten Brudertums von Hause mußte, doch nicht von der Wut floh er hinweg, sondern Jaakob sandte ihn sozusagen in Esau's Arme [...].[117]

Esau wiederum ist ein Beispiel für einen Menschen, der sich lebenslang mit seiner Rolle identifiziert, im Sinne derselben handelt und eventuelle Konflikte löst. So weint Jaakobs Bruder zum Beispiel,

> **[...] weil es ihm so zukam**, weil das **seiner Rolle** entsprach. Seine Art, die Dinge und sich selbst zu sehen, war durch eingeborene Denkvorschriften bedingt und bestimmt, die ihn banden, wie alle Welt, und ihre Prägung von kosmischen Kreislaufbildern empfangen hatten. [...] **[S]ein Charakter**, das heißt **seine Rolle auf Erden**, [war] von langer Hand her festgelegt und er [war] sich ebendieser **Charakterrolle** von jeher vollkommen bewußt gewesen [...]. [...] Aber man ginge fehl und würde **der mythisch-schematischen Bildung seines Geistes** nicht gerecht, indem man annähme, Gefühl und Bewußtsein seiner selbst, **seiner Rolle** als sonnverbrannter Sohn der Unterwelt, sei ihm erst aus seinem Jägerberuf

---

116 Die Wortverbindung „mythische Rolle" gehört ebenfalls zu den zentralen Begriffen von Manns Mythosauffassung. Die von den einzelnen Romanfiguren übernommenen mythischen Rollen sind epischer Ausdruck der Geschichte, die sich in fest vorgegebenen Spuren, d. h. nach einem bestimmten Schema, abspielt, das sich in der Vergangenheit als typisch, das heißt als für weitere Wiederholungen und Variationen geeignet, erwiesen hat. Von „gelebtem Mythus" kann laut Mann vor allem dann die Rede sein, wenn sich das Individuum in seiner Einzigartigkeit darüber bewusst ist, dass sein Leben nur Wiederkehr und Wiederholung eines bestimmten Schemas ist. Ein solches Individuum zelebriert mit seinem Leben die Rolle, die ihm auf Erden zukommt. Vgl. dazu ibid.: 478–501, insbes. 493f., *Freud und die Zukunft*.
Vgl. auch Schulz 2000: 15–365, insbes. 29–36, 73–365. Diese Arbeit enthält eine gründliche Analyse der Tetralogie hinsichtlich der Begriffe „Rolle" und „Identität". Auf den Seiten 55–57 sind Thesen zusammengefasst, mithilfe derer sich beide Begriffe definieren lassen.

117 In GW IV 1990: 527f., Kap. *Die Zumutung*.

> erflossen. Umgekehrt – mindestens so sehr umgekehrt – hatte er diesen Beruf schon darum gewählt, **weil es ihm so zukam, aus mythischer Bildung also und Gehorsam gegen das Schema**. Faßte man sein Verhältnis zu Jaakob gebildet auf – und das zu tun, war Esau, seiner Rauhigkeit ungeachtet, immer bereit gewesen –, so war es die Wiederkehr und das Gegenwärtigwerden – die zeitlose Gegenwärtigkeit – des Verhältnisses von Kain zu Habel [...].[118]

Der Mythos und die mit diesem Begriff verbundene Vorstellung von einem Ursprung dienen hier als Reservoir für die einzelnen Schemata, die im indivi-

---

[118] Ibid.: 134f., Kap. *Eliphas*. (Hervorhebungen von O.Z.) In Olbrachts Übersetzung: „[p]lakal, protože pláč byl **jeho údělem** a protože odpovídal **jeho poslání ve světě**. Způsob, jakým se díval na věci a na sebe, byl podmíněn a určen vrozenými předpisy myšlení, které ho, stejně jako celý svět, poutaly a které přijaly svou ražbu od kosmických obrazců koloběhů. [...] **[J]eho povaha**, to jest jeho **úloha na zemi** byla určena od pradávna a [...] byl [si] této své **povahové úlohy** již dávno plně vědom. [...] Ale mýlili bychom se a křivdili bychom **mythickému schematickému obrazu jeho ducha**, kdybychom se domnívali, že mu bylo jeho cítění a vědomí vlastní osoby a **úlohy** sluncem osmahlého syna nížiny vštípeno teprve jeho loveckým povoláním. Vyvolil si právě naopak toto lovecké povolání, **poněvadž se k němu hodilo, a jsa tedy poslušen mythu a schematu**. Chápeme-li jeho poměr k Jákobovi s hlediska obrazného – a Ezau, přes svou drsnost, byl vždy odhodlán to činiti – byl to návrat a zpřítomnění – zpřítomnění bez časových hranic poměru Kaina k Chabelovi [...]." In Mann 1959: 113f., Kap. *Elífaz*.

Die zitierte Passage enthält in konzentrierter Form mehrere für Manns Mythosauffassung wichtige Begriffe. Es ist daher angebracht, sich auch Olbrachts Übersetzung genauer anzuschauen, und zwar insbesondere im Zusammenhang mit den fett markierten Formulierungen. Für das Wort „Rolle" verwendet Olbracht zwei Äquivalente: „poslání" [Aufgabe/Mission] und „úloha" [Aufgabe/Rolle]. Der Begriff gehört jedoch im Kontext von Manns Mythosauffassung zu den semantisch sehr exponierten Termini. Ihm kommt ein ganz konkreter Bedeutungsgehalt zu (siehe Fußnote 116, S. 36). In Olbrachts Übersetzung geht diese Eindeutigkeit verloren, und so wird – wie bereits im Falle der „Schönen Gespräche" (siehe Fußnote 73, S. 26) – auch die Identifikation dieser Formulierung erschwert. In der zitierten Passage scheinen Olbracht zudem Übersetzungsfehler unterlaufen zu sein, die den Sinn des Textes ändern. Es handelt sich um die Übersetzung der Formulierung „der mythisch-schematischen Bildung seines Geistes", bei der Olbracht für das Wort „Bildung" das zumindest problematische Äquivalent „obraz" [Bild], ergänzt durch zwei gleichrangige Attribute [„mytický schematický" = „mythisches schematisches"], verwendet. Eher als um ein „mythisches schematisches Bild seines Geistes" geht es im Kontext des gesamten Romans jedoch um die „mythisch-schematische Bildung seines Geistes". Esau wird als ein Mensch geschildert, der sich seiner Rolle innerhalb der Geschichte klar bewusst ist und sich weinend mit dieser abfindet, obgleich sie seinen individuellen Sehnsüchten nicht entspricht. Sein Geist ist darin gebildet, wie sich die Dinge im Mythos zutragen, gleichzeitig vermag er sich jedoch von dem mythischen Schema, das ihn prägt, nicht zu lösen und es durch ein anderes zu ersetzen. An anderer Stelle wird sein Bruder Jaakob als ein „Mann mythischer Bildung" (GW IV 1990: 581, Kap. *In der Höhle*) geschildert. Bei dieser zweiten Erwähnung kommt in Olbrachts Übersetzung das Wort „Bildung" überhaupt nicht mehr vor.

duellen Leben der einzelnen Romanfiguren aktualisiert werden.[119] Gerade die Fähigkeit, sich im Mythos das Leben bewusst zu machen, ermöglicht den Figuren die Verbindung des eigenen Schicksals mit all dem, was sich einst in den Tiefen der Vergangenheit zugetragen hat.

Die Figuren identifizieren sich jedoch nicht in gleichem Maße mit bestimmten mythischen Schemata, und so erfährt dieses Grundprinzip in Manns Roman mehrere Metamorphosen. Ein Extremfall der Verschmelzung eines individuellen „Ichs" mit einem mythischen Urbild ist der bereits in Verbindung mit dem Wesen der Existenz des archaischen und religiösen Menschen erwähnte Eliezer. Eliezer ist Jaakobs ältester Diener und Josephs Lehrer. Darüber hinaus ist er ein unehelicher Sohn Abrahams und damit ein Bruder von Josephs Großvater Isaak. Zwischen Joseph und Abraham liegen jedoch „zeitrechnerischer Ordnung zufolge [...] gut und gern zwanzig Geschlechter, rund sechshundert babylonische Umlaufsjahre [...]".[120] Eliezer benennt sich, als er zu Joseph spricht, selbst mit „ich", dabei löst sich seine Individualität jedoch auf „in eine unendliche Perspektive von Eliezer-Gestalten, die alle durch den Mund des gegenwärtig Dasitzenden Ich sagten [...]".[121] Eliezer verliert so quasi vollständig sein individuelles „Ich", bzw. er hat ein solches nie besessen und lebt fest verbunden mit dem mythischen Kollektiv des abrahamitischen Geschlechts. Er ist die Inkarnation eines mythischen Schemas.

Im Unterschied zu Eliezer kann Jaakob das mythische „Ich" bereits von seinem individuellen unterscheiden. Der Mythos dient ihm als Mittel zum Verständnis der umgebenden Welt. Sein Denken bewegt sich jedoch im geschlossenen Kontext des abrahamitischen Mythos. Versagen die Interpretationsmöglichkeiten seines eigenen Mythos, so ist er nicht imstande, das Schema einer anderen Kultur anzunehmen. Ein solcher Moment tritt im Rahmen seiner Geschichte ein, als er von Josephs Tod erfährt und ihm als Beweis das zerrissene Kleid Josephs vorgelegt wird.[122] Jaakob bricht vor Kummer zusammen, weil er sich selbst als einen von Gott zur Prüfung mit dem Opfer berufenen Abraham wahrgenommen hatte, der die Prüfung jedoch nicht bestanden hat. Josephs Tod erscheint ihm nun wie ein vollzogenes Menschenopfer, das jedoch ungerecht ist, da es – anders als in dem mythischen Schema, mit dem er sich

---

119 Vgl. Kap. 3.2 *Die Struktur der mythischen Welt*, S. 27ff.

120 In GW IV 1990: 15, Kap. *Höllenfahrt*.

121 Ibid.: 422, Kap. *Vom Ältesten Knechte*.
Zur Figur Eliezers (Isaaks und Esaus) vgl. auch Schulz 2000: 73–83.

122 Vgl. GW IV 1990: 630–662, Kap. *Jaakob trägt Leid um Joseph, Die Versuchungen Jaakobs, Die Gewöhnung*.

identifiziert, – ohne vorherige Prüfung erfolgte. Dabei weiß er nicht, dass auch hier das Kleid nur Symbol eines stellvertretenden Opfers ist, weil Josephs Brüder es in Tierblut getaucht haben und Joseph nur symbolisch, d. h. für die patriarchale Welt seiner Jugend, gestorben ist. Jaakob versucht sich daraufhin in tragikomischer Weise mit der Göttin Ischtar zu identifizieren, die sich auf der Suche nach Tammuz in die Unterwelt begibt, Eliezer belehrt ihn jedoch: „‚Ach, lieber Herr, ich [...] nehme an, daß für den Anfang alles nach deinen Gedanken gehe. Aber spätestens am siebenten Tore würde sich bei den Gebräuchen unvermeidlich herausstellen, daß du die Mutter nicht bist...'"[123] Jaakob gewinnt also nur in diesem Moment tiefer Trauer Abstand von seiner Rolle. Hier scheint seine eigene Identität und der individuelle Akt der Verzweiflung durch, der sich im Rahmen seiner Vorstellungen von der Welt mit keinem der vorhandenen mythischen Schemata in Einklang bringen lässt.

Josephs weiteres Schicksal ist in Manns Roman konzipiert als „die Geburt des Ich aus dem mythischen Kollektiv, des abrahamitischen Ich, welches anspruchsvollerweise dafür hält, daß der Mensch nur dem Höchsten dienen dürfe".[124] Im Unterschied zu allen anderen Figuren vermag Joseph viel freier und klüger mit dem Mythos umzugehen. Er hat zudem auch besseren Zugang zu anderen mythischen Kulturen, versteht die Schemata, die sich ihm mittels dieser Kulturen bieten, und vermag sie sogar im richtigen Moment zu seinem Vorteil zu nutzen. Joseph ist die einzige Figur des Romans, die eine markante Entwicklung durchläuft. Im Folgenden sollen daher die Stufen dieser Entwicklung in Verbindung mit den einzelnen Teilen der Tetralogie nachgezeichnet werden.

Joseph wird im zweiten Teil der Tetralogie als schöner Jüngling vorgestellt, der davon überzeugt ist, „daß alle Menschen ihn mehr liebten denn sich selbst".[125] Seine Stellung innerhalb der Familie ist eine privilegierte: Er ist „Erstgeborener [...] von der Rechten und Liebsten."[126] Seinen Brüdern gegenüber vermag er sich nicht bescheiden zu verhalten und diese verachten ihn u. a. deshalb, weil sie ihn nicht verstehen. Dieses vorläufig nur halb bewusste Gefühl, auserwählt zu sein und ein besonderes Schicksal zu haben, bringt Joseph schließlich bis „in die Grube", in der er drei Tage zubringt. Erst hier wird ihm vollständig der Sinn seines Lebens bewusst. Er kommt zu der Erkenntnis,

---

[123] Ibid.: 650, Kap. *Die Versuchungen Jaakobs.*
Zur Figur Jaakobs vgl. z. B. auch Schulz 2000: 83–95.

[124] In GW XI 1990a: 665, Vortrag *Joseph und seine Brüder.*

[125] In GW IV 1990: 485, Kap. *Der Geläufige.*

[126] Ibid.: 114, Kap. *Vom Öl, vom Wein und von der Feige.*

dass er „in die Grube hatte kommen sollen – und, ganz genau gesagt, hatte kommen wollen".[127] In diesem Moment stirbt der junge, unwissende Joseph, der über das eigene, teils im Boden der Vorväter und des einzigen Gottes, teils jedoch auch in der Vorliebe für Götzen und Mondschein wurzelnde Schicksal nur halb im Bilde ist. Ein gänzlich neuer Mensch wird geboren, „der Initiierte, [...], *der Wissende*",[128] und

> [d]a er jung gestorben war, stellten jenseits der Grube seine Lebenskräfte sich rasch und leicht wieder her, was ihn aber nicht hinderte, zwischen seinem gegenwärtigen Dasein und dem früheren, dessen Abschluß die Grube gewesen war, scharf zu unterscheiden und sich nicht mehr für den alten Joseph, sondern für einen neuen zu erachten.[129]

Noch bevor er sein neues Leben im Unterweltsland Ägypten beginnt, durchläuft Joseph eine Übergangsphase als Neugeborener, und die Ismaeliter, die ihn seinen Brüdern abgekauft haben, geben ihm „wie einem Säugling"[130] Milch zu trinken und werfen einen Mantel über ihn, „denn er kam nackt und besudelt aus der Tiefe wie aus Mutterleib".[131] Joseph ist gestorben und der neu geborene Mensch „hat überhaupt keinen Namen bis jetzt, [...] [ist] ein Niemandssohn".[132] Später nimmt er den „Name[n] des Schweigens"[133] Osarsiph an.

Geführt von den Ismaelitern gelangt Joseph im dritten Teil der Tetralogie nach Ägypten, „ins Totenreich", ins „Unterweltsland", „[i]ns traurig Untere".[134] Das erste Tor zur Sphäre der Unterwelt war der Brunnen, das zweite ist die Grenzfeste Zel, die jeder passieren muss, der Ägypten betreten möchte. Josephs neues Leben soll sich fortan in dem Land abspielen, vor dessen verdorbenen Sitten ihn der Vater bereits bei dem nächtlichen Gespräch am Rande des Brunnens gewarnt hatte, als er den Sohn voll Furcht dabei ertappte, wie dieser halbnackt, nach Art der Ägypter, den Blick zum Sternenhimmel richtete. Das Motiv des Brunnens, der Tiefe und der Unterwelt ist untrennbar mit Joseph verbunden und prägt das Wesen seiner mythischen Existenz.

Joseph selbst wird sich nach seiner Befreiung aus der Grube immer klarer darüber bewusst, dass man alles, was geschieht, annehmen muss, in dem

---

127 Ibid.: 575, Kap. *In der Höhle.*

128 In Eliade 1985: 163f.

129 In GW V 1990: 674, Kap. *Vom Schweigen der Toten.*

130 In GW IV 1990: 593, Kap. *Die Ismaeliter.*

131 Ibid.: 594, Kap. *Die Ismaeliter.*

132 Ibid.: 609, Kap. *Der Verkauf.*

133 In GW V 1990: 807f., Kap. *Mont-kaw.*

134 Ibid.: 691, Kap. *Nachtgespräch.*

Bewusstsein, dass sich dadurch die Absicht des Herrn erfüllt. Und so kommt er paradoxerweise gerade im „äffischen Ägypterland", im „Land Hagars, der Magd",[135] in dem eine matriarchalische Ordnung herrscht, Gott-Vater viel näher. Ägypten ist ein Raum, in dem das ursprüngliche Chaos herrscht, die Menschen verehren hier Tiere, Himmelskörper und Statuen als Götter.[136] Auch die Beziehung zu Potiphars Weib Mut hat den Charakter eines drohenden Inzestverhältnisses mit der Mutter, doch Joseph widersteht ihren Verlockungen – u. a. deshalb, weil er weiß: „[...] ,Der Vater der Welt ist kein Muttersohn, und nicht von einer Herrin wegen ist er der Herr. Ihm gehöre und vor ihm wandle ich [...]'."[137]

Gerade in Ägypten ist sich Joseph am stärksten des festen Bandes bewusst, das ihn mit dem Gott Abrahams verbindet, Abrahams, „der vom Menschen so hoffärtig gedacht hatte, daß er der Ansicht gewesen war, einzig und geradewegs nur dem Höchsten dürfe er dienen".[138] Joseph gewöhnt sich allmählich an die neue Lebensweise, er heiratet eine Ägypterin, doch nach dem Vorbild seines Urahnen sehnt er sich stets nach dem Dienst am Höchsten, und so arbeitet er sich allmählich bis an die Seite des Pharaos hoch. Jede Demütigung, die ihm im „Unterweltsland" Ägypten zuteilwird, ist zugleich ein Schritt auf dem Weg nach oben, denn Joseph ist

> [...] jung und voller Lust und Entschlossenheit, sich auf die Höhe zu bringen von Gottes Absichten. Der Letzte von denen hier unten war er bereits nicht mehr; schon mancher fing an, sich vor ihm zu bücken. Aber noch ganz anders mußte es kommen, er war von Gottes wegen durchdrungen davon, und nicht nur einige sollten sich vor ihm bücken, sondern alle, mit Ausnahme von einem, nämlich dem Höchsten, welchem allein er dienen durfte, das war nun einmal des Abramsenkels fixe und unerörtert die Richtung seines Lebens bestimmende Überzeugung.[139]

Im Unterschied zu seinem Vater Jaakob vermag Joseph sich von dem ursprünglichen mythischen Kollektiv zu emanzipieren. Der Prozess der Annahme einer neuen Identität ist mit der Fähigkeit verbunden, verschiedene mythische Rollen zu übernehmen und diese je nach Angemessenheit und Bedarf zu wechseln. Immer mehr befreit sich Joseph im Laufe des dritten und insbesondere vierten Teils der Tetralogie aus der Rolle des zerrissenen Unterweltgottes

---

[135] In GW IV 1990: 97, Kap. *Vom äffischen Ägypterland.*

[136] Vgl. Kurzke 1993: 122f. Kurzke untersucht hier detaillierter Manns Auffassung vom Christentum in Verbindung mit Vater- und Mutterrecht.

[137] In GW V 1990: 1173, Kap. *Die schmerzliche Zunge (Spiel und Nachspiel).*

[138] Ibid.: 688, Kap. *Nachtgespräch.*

[139] Ibid.: 932, Kap. *Joseph wächst wie an einer Quelle.*

Osiris und nähert sich dem antiken Hermes an. In den Augen der Ägypter wird er quasi zu einem Gott. Dies wird durch die weltliche und gesellschaftliche Rolle bestätigt, die er in Ägypten innehat: die Rolle des „Ernährers", dessen, der für das Volk sorgt und dieses aus schweren Jahren des Hungers zu führen vermag. Hier kommt zudem auch Josephs leitmotivische Rolle des „Auserwählten" zum Tragen, der nur dem Höchsten dienen will.

Die Figur Josephs bleibt also nicht in den Grenzen eines einzigen mythischen Schemas gefangen. Sein eher spielerischer und aufgeklärter Umgang mit dem Mythos ermöglicht es ihm, die Verwurzelung in den mythischen Anfängen und im mythischen Kollektiv als Ausgangspunkt zum Finden und Formen einer eigenen Identität zu nutzen. Joseph versteht, jeder Erniedrigung etwas Vorteilhaftes abzugewinnen, zum einen, weil er sich auf die guten Absichten des Höchsten, des Gottes Abrahams, verlässt, zum anderen, weil er sich von der Vorstellung befreien konnte, dass ihm der Segen seines Vaters Jaakob zuteilwerden müsse, und er stattdessen die weltlichen Segnungen des alten Ismaeliters Mont-kaw und die Erhöhung aus dem Munde des Pharaos, des Höchsten im „Unterweltsland" Ägypten, angenommen hat, zu dessen rechter Hand er geworden ist. Josephs Emanzipation vom mythischen Kollektiv bringt so auch ein hohes Maß an Profanisierung, an Verweltlichung der Josephsgeschichte mit sich. Joseph vermag sich in seiner Lebensgeschichte nicht nur zu orientieren, er inszeniert sie sogar selbst wie ein Theaterstück. Dies wird insbesondere in der Szene deutlich, in der er sich seinen Brüdern zu erkennen gibt: „‚Kinder, ich bin's ja. Ich bin ja euer Bruder Joseph.'"[140] Damit ihn seine Brüder erkennen, verwendet Joseph die mythische Formel „Ich bin's". Diese Formel dient im Rahmen von Manns Mythosauffassung als Mittel, eine Figur eine bestimmte mythische Rolle annehmen zu lassen: „‚Ich bin's.' Das ist die Formel des Mythus."[141] Am Ende des Romans ermöglicht diese Formel Joseph, sich mit sich selbst zu identifizieren und sich als solcher seinen Brüdern zu erkennen zu geben. Voraussetzung für dieses Erkennen nach den langen Jahren der Trennung ist eine bestimmte Kontinuität der Persönlichkeit. Joseph hat sich zwar verändert, seine Verbindung mit dem ursprünglichen Kollektiv ist jedoch erhalten geblieben.

---

[140] Ibid.: 1681, Kap. *Ich bin's.*

[141] In GW IX 1990a: 496, vgl. weiter. ibid.: 494–500, *Freud und die Zukunft.*

3.4 Der Erzähler – Abstand vom Mythos

Die Welt des alttestamentarischen Mythos existiert in Manns Roman in Symbiose mit anderen nahöstlichen Mythologien, einschließlich der des alten Ägypten. Die monumentale epische Erzählung, die in ihrem Haupthandlungsverlauf nicht wesentlich von der alttestamentarischen Vorlage abweicht, ist jedoch nicht als historischer Roman im üblichen Sinne zu verstehen, der es sich zur Aufgabe macht, dem Leser eine konkrete historische Epoche so getreu wie möglich zu vermitteln. Mann wollte die biblische Josephsgeschichte neu erzählen, „mit *allen* modernen Mitteln, den geistigen und technischen".[142] Der Roman *Joseph und seine Brüder* ist daher in seiner Struktur weitaus komplizierter, da sich in ihm beständig mehrere qualitativ unterschiedliche Erzählschichten überlagern. Das markanteste und erzähltechnisch wichtigste Element ist jedoch die Instanz des Erzählers.

Der Erzähler der Tetralogie vermittelt über sich selbst nicht sonderlich viele Informationen. Er definiert sich als Zeitgenossen des impliziten Lesers, mit dem er durch Verwendung des Pronomens „wir" ein Bündnis schließt und eine Gemeinschaft konstituiert: „Ein Mensch wie wir war er, so kommt uns vor, und trotz seiner Frühe von den Anfangsgründen des Menschlichen [...] mathematisch genommen ebenso weit entfernt wie wir [...]."[143] Mit diesem Schritt zieht der Erzähler den Leser auf seine Seite und nimmt, wie sich schon bald zeigt, gemeinsam mit ihm Abstand von der erzählten Geschichte. Der Leser ist im Weiteren dazu angehalten, die Instanz des Erzählers zu respektieren und sich von diesem durch die Seiten des umfangreichen Romans führen zu lassen, der als Pendant zu der von Gott geschaffenen Welt konzipiert ist. Im Kapitel *Vorspiel in Oberen Rängen* vergleicht der Erzähler seine Rolle innerhalb der narrativen Welt mit der Aufgabe des Schöpfers, welcher „der Raum der Welt war, aber die Welt nicht sein Raum", und dies „ganz ähnlich wie der Erzähler der Raum der Geschichte ist, die Geschichte aber nicht seiner, was für ihn die Möglichkeit bedeutet, sie zu erörtern".[144] Thema des vorliegenden Abschnitts ist die Art und Weise, wie der Erzähler die Josephsgeschichte vermittelt, die Strategien, die er wählt, um dem Leser die in seiner Erzählung entworfene Welt näherzubringen.

Wie bereits gesagt, verarbeitet der Erzähler einen traditionellen, allgemein bekannten Stoff, wobei er sich im Wesentlichen treu an die in der

---

[142] In GW XI: 654, Vortrag *Joseph und seine Brüder*.

[143] In GW IV 1990: 19, Kap. *Höllenfahrt*.

[144] In GW V 1990: 1286, Kap. *Vorspiel in Oberen Rängen*.

biblischen Vorlage geschilderten Ereignisse hält. Die Handlung kann folglich nicht der eigentliche Spannungsträger sein, und sie ist es auch nicht:

> Wir unsererseits sind jeglicher Spannung überhoben, weil wir überhaupt die Phasen der hier aufgeführten Geschichte am Schnürchen haben, und hier besonders noch, weil schon in unserer eigenen Aufführung festgelegt ist, was für Joseph noch spannend-zukünftig war, und wir schon wissen, daß die Brüder den Benjamin nicht wollten allein lassen mit seiner Schuld.[145]

Es ist daher weniger wichtig, „was" erzählt wird, der Hauptakzent verlagert sich vielmehr auf das „Wie" des Erzählens. Der Erzähler kennt die Quellen, aus denen er schöpft, und ist sich gleichzeitig darüber bewusst, dass jede Geschichte zuallererst sich selbst erzählt. Keine spätere Wiedergabe kommt an Genauigkeit der ursprünglichen Version gleich, die sich als gelebte, von den damaligen Akteuren historisch erstmals durchlebte Realität in einer fernen, uns unzugänglichen Vergangenheit zugetragen hat:

> Es ist daran zu erinnern, was schon früher bedacht wurde, daß, bevor die Geschichte erstmals erzählt wurde, sie sich selber erzählt hat – und zwar mit einer Genauigkeit, deren allein das Leben Meister ist und die zu erreichen für den Erzähler gar keine Hoffnung und Aussicht besteht. Nur ihr sich anzunähern vermag er, indem er dem Wie des Lebens treulicher dient, als der Lapidargeist des Daß zu tun sich herbeiließ.[146]

Erst danach wird die Geschichte weiter tradiert, und gerade diese Tradierung, die dem Erzähler gleichzeitig als Quelle dient, wird zum Gegenstand seiner Kritik. Eine der Strategien, die der Erzähler im Umgang mit den Quellen wählt, ist, diese anzuzweifeln und anschließend nach weiteren möglichen und gleichzeitig stichhaltigeren Erklärungen für das Geschehene zu suchen. Von den unzähligen Beispielen sei hier nur eines angeführt, in welchem der Erzähler über die wahrscheinlichste Version einer Erklärung für Rahels langjährige Kinderlosigkeit und Leas Fruchtbarkeit sinniert:

> Der Buchstabe der Überlieferung ist der einzige Anhalt, der sich uns bietet, wenn es gilt, diese wehmütige Lebenserscheinung zu erklären. Er lautet in Kürze dahin: weil Lea unwert gewesen sei vor Jaakob, habe Gott sie fruchtbar gemacht und Rahel unfruchtbar. Ebendarum. Das ist ein Erklärungsversuch wie ein anderer; er trägt Vermutungscharakter [...]. Dennoch käme es uns nur zu, jene Deutung zu verwerfen und eine andere dafür einzusetzen, wenn wir eine bessere wüßten, was nicht der Fall ist; vielmehr halten wir die gegebene im Kern für richtig.[147]

---

145 Ibid.: 1671f., Kap. *Ich bin's.*

146 In ibid.: 1002, Kap. *Das Wort der Verkennung.*

147 In GW IV 1990: 318, Kap. *Von Gottes Eifersucht.*

Der Erzähler korrigiert die Form der Geschichten, in der diese tradiert werden, er kritisiert ihre übermäßige Knappheit und Ungenauigkeit, und ergänzt mit einem Anspruch auf Wahrhaftigkeit selbst die Leerstellen der Geschichten, indem er diese neu erzählt, so z. B. im Falle des Gesprächs zwischen Joseph und Potiphar im Garten:

> Nicht umsonst haben wir dieses Gespräch, dessen sonst nirgends gedacht ist, Wort für Wort, ganz wie es sich fügte und nach allen seinen Windungen und Wendungen hier aufgeführt. Denn Josephs berühmte Laufbahn in Potiphars Haus nahm von ihm ihren Ausgang [...].[148]

Gleichzeitig respektiert er die Unumgänglichkeit der Aussparung, welche in vielen Fällen begründet oder sogar

> wohltätig und notwendig [ist], denn es ist auf die Dauer völlig unmöglich, das Leben zu erzählen, so, wie es sich einstmals selber erzählte. Wohin sollte das führen? Es führte ins Unendliche und ginge über Menschenkraft. Wer es sich in den Kopf setzte, würde nicht nur nie fertig, sondern erstickte schon in den Anfängen, umgarnt vom Wahnsinn der Genauigkeit. Beim schönen Fest der Erzählung und Wiedererweckung spielt die Aussparung eine wichtige und unentbehrliche Rolle.[149]

Darüber, wie dem Leser Details der Geschichte vermittelt werden, entscheidet abermals allein der Erzähler. Dieser geht mit Quellen oft dergestalt um, dass das Erzählen auf den Leser eine vorausbedachte Wirkung hat. Der Leser muss ständig auf der Hut sein, da er in jedem noch so kleinen Moment der Unaufmerksamkeit zum Opfer der erzählten Geschichte werden, d. h. den Überblick über den Erzählmodus und Bewertungsstandpunkt verlieren könnte, den der Erzähler in Bezug auf die jeweilige Passage gerade einnimmt. Wichtig ist jedoch auch, dass der Erzähler diese seine Entscheidungen kommentiert und sie zu einem Teilthema seiner Ausführungen macht. Die Manipulation des Lesers nimmt damit den Charakter eines Spiels an, dessen Regeln vom Erzähler erst während seines Verlaufs allmählich aufgedeckt und erläutert werden. Als Beispiel kann die Szene am Brunnen (der „Grube“) dienen. In dem zitierten Abschnitt denken die Brüder laut darüber nach, auf welche Weise sie den geplanten Mord an Joseph ausführen könnten:

> Hier fielen Worte, die wir nicht unmittelbar wiedergeben, weil sie eine neuzeitliche Empfindlichkeit erschrecken und, eben in unmittelbarer Form, die Brüder, oder

---

Der Erzähler erklärt Rahels Unfruchtbarkeit als Folge der Eifersucht Gottes. Gott ist eifersüchtig, weil er Jaakobs übermäßige Liebe zu Rahel für Abgötterei hält.

148 In GW V 1990: 904, Kap. *Joseph schließt einen Bund.*

149 Ibid.: 1479, Kap. *Sieben oder fünf.*

einige von ihnen, in ein übertrieben schlechtes Licht setzen würden. Es ist Tatsache, daß Schimeon und Levi sowie der gerade Gad sich erboten, dem Gefesselten kurzerhand den Garaus zu machen. Jene wollten es mit dem Stabe besorgen, ausholend mit beider Arme Kraft nach guter Kainsart, daß er hin sei. Dieser ersuchte um den Auftrag, ihm rasch mit dem Messer die Kehle zu durchschneiden, wie Jaakob einst mit den Böcklein getan, deren Fell er brauchte zum Segenstausch. Diese Vorschläge wurden gemacht, es ist nicht zu leugnen; aber es liegt nicht in unseren Wünschen, daß der Leser endgültig mit den Jaakobssöhnen zerfalle und ihnen auf immer die Verzeihung verweigere, darum lassen wir es nicht geradezu in den Worten der Brüder laut werden. Es wurde gesagt, weil es gesagt werden mußte, weil es, in unserer Sprache zu reden, in der Konsequenz der Dinge lag. Und es war wiederum nur folgerecht, daß diejenigen es über die Lippen brachten und sich dafür zur Verfügung stellten, zu deren Rolle auf Erden es am besten paßte und die damit, sozusagen, ihrem Mythus sich gehorsam erwiesen: die wilden Zwillinge und der stramme Gad.[150]

In dem Kommentar, der den gesamten Abschnitt durchzieht, enthüllt der Erzähler das Motiv, das ihn dazu brachte, sich gerade für diese und keine andere Art des Erzählens zu entscheiden. Dieses kann nicht umsonst mit dem Wort „Humanitätssinn“ benannt werden. Der Erzähler möchte nicht, dass der Leser von Josephs Brüdern allzu schlecht denkt. Er deutet an, dass ihre Rohheit und Grausamkeit keine bloße Willkür ist – sie mussten sich so verhalten und so denken, weil das ihren Rollen innerhalb der Geschichte, ihrem Mythos, entspricht. Sie selbst wissen dies jedoch nicht, da sie im Unterschied zu Joseph des Mythos unkundig, in diesem Sinne also primitiv, sind. Die Brüder wissen nicht, warum sie dieses oder jenes tun, sie handeln einfach intuitiv, ihrem Instinkt folgend, oder überlassen die Dinge ihrem Lauf, damit diese sich von selbst so ergeben, wie es im jeweiligen Moment der Situation am besten entspricht. Nach Jaakobs Tod fürchten die Brüder, dass Joseph sich an ihnen rächen will. Dieser verhält sich jedoch klug und reflektiert. Er weiß, dass alles aus Gottes Willen geschieht. Die Erniedrigung, die er erlebt hat, war notwendig, weil er schlichtweg nach Ägypten gelangen musste, um später seinen Nächsten helfen zu können. Als Joseph die Brüder beruhigt, verhält er sich „wie ein Mensch“, wie einer, der zuallererst ein menschliches Wesen ist und die Ordnung der Welt kennt:

„Bin ich denn wie Gott? Drunten, heißt es, bin ich wie Pharao, und der ist zwar Gott genannt, ist aber bloß ein arm, lieb Ding. Geht ihr mich um Vergebung an, so scheint's, daß ihr die ganze Geschichte nicht recht verstanden habt, in der wir sind. Ich schelte euch nicht darum. Man kann sehr wohl in einer Geschichte sein, ohne sie zu verstehen. Vielleicht soll es so sein, und es war sträflich, daß ich immer viel zu

150 In GW IV 1990: 562, Kap. *Joseph wird in den Brunnen geworfen.*

> gut wußte, was da gespielt wurde. [...] Aber wenn es um Verzeihung geht unter uns Menschen, so bin ich's, der euch darum bitten muß, denn ihr mußtet die Bösen spielen, damit alles so käme."[151]

Joseph belässt die Welt, wie sie ist, damit sie ihn zu einer von der mythischen Gemeinschaft emanzipierten Persönlichkeit formen kann. Im Unterschied zu den Brüdern vermag er jedoch seinen Platz innerhalb der Geschichte klar zu erkennen und ähnlich wie der Erzähler sowohl das bereits Geschehene als auch das Kommende kritisch zu reflektieren.

Der Leser ist in Manns Roman eine ähnliche Marionette wie die Figuren. Der Erzähler spielt mit ihm, sodass man sich nie sicher sein kann, ob alles bis dahin Gesagte ernst gemeint ist.[152] Diesbezüglich sind vor allem diejenigen Passagen interessant, die fachliche Kommentare nachahmen oder parodieren. Insbesondere in Verbindung mit diesen Passagen kann auch von einer humoristischen Komponente des Romans gesprochen werden. Es handelt sich um Passagen, in denen der Erzähler die zugänglichen Quellen kritisiert oder aber wissenschaftliche Texte parodiert, indem er unter dem Deckmantel der Ernsthaftigkeit die Methoden der exakten Wissenschaften auf Gegenstände anwendet, die ein solches Vorgehen schon vom Prinzip her ausschließen. Als Beispiel lassen sich die Nachrechnungen der fetten und mageren Jahre anführen, die Joseph anhand der Träume des Pharaos für Ägypten geweissagt hat.[153] Der Kern des Problems, das der Erzähler in diesem Kapitel löst, besteht nicht in der genauen Bestimmung der tatsächlichen Zahl an Jahren des Hungers und Überflusses, sondern in einer weiteren Enthüllungsstufe der Logik, die den im My-

---

[151] In GW V 1990: 1817f., Kap. *Der Gewaltige Zug.*

[152] Die Frage, wie ernst etwas im Josephsroman gemeint sei, bildet im Übrigen auch einen umfassenden Teilbereich der Mann-Forschung, der um die Begriffe „Humor", „Ironie" und „Parodie" kreist. Als Humorist wird Thomas Mann z. B. von Käte Hamburger interpretiert. Hamburgers Ansicht zufolge war die Tetralogie zwar vorwiegend als ironischer Roman konzipiert, wenngleich Mann selbst im Zusammenhang mit ihm fast ausnahmslos von Humor gesprochen habe. Den Humor betrachtet Hamburger jedoch als eine tiefere, quasi den Untergrund bildende Schicht des Werks. Die Ironie scheint ihr hingegen mehr an der Oberfläche zu liegen, wobei sie sich mit den komischen oder parodistischen Komponenten des Textes verbinde. Helmut Beck sieht in Mann eher einen Ironiker. Künstlerisches Prinzip des Josephsromans ist seiner Ansicht nach die „epische Ironie". Gleichzeitig meint er jedoch, dass „**Manns Ironie** in erster Linie deshalb nicht zerstörerisch-nihilistisch [sei], weil sie **humoristisch ist**". In: Beck 1966: 98. Hervorhebungen von O.Z. Vgl. auch Hamburger 1965. Das Buch *Der Humor bei Thomas Mann: Zum Joseph-Roman* wurde später in bearbeiteter Fassung unter dem Titel *Thomas Manns biblisches Werk: Der Joseph-Roman, Die Moses-Erzählung „Das Gesetz"* herausgegeben. In der vorliegenden Arbeit wird vor allem auf die neuere Ausgabe zurückgegriffen.

[153] Vgl. GW V 1990: 1478–1481, Kap. *Sieben oder fünf.*

thos beheimateten Menschen zu eigen ist: Die Ägypter denken anders als der heutige Mensch bzw. der Leser des Romans. Unter den mageren Jahren waren nämlich z. B. auch „ein paar […], die den letzten Grad der Erbärmlichkeit nicht erreichten, sondern sich halbwegs dem Erträglichen näherten, so daß man sie, hätte die Weissagung nicht vorgelegen, vielleicht gar nicht als Spreu- und Fluchjahre erkannt hätte".[154] Da die Weissagung jedoch bestand, taten die Menschen dies „aus gutem Willen".[155] Der Erzähler arbeitet mit dem Stoff in einer sehr spezifischen Weise. Er kritisiert die Quellen, korrigiert und hinterfragt sie, bereichert sie um Details oder lässt wiederum Details aus. Am wichtigsten ist jedoch, dass er seine Entscheidungen kommentiert und fortwährend begründet. Man muss unablässig darauf achten, „wie" erzählt wird, ob der Erzähler die Geschichte nur wiedergibt, ob er sie ironisiert, parodiert oder mit dem ihm eigenen Humor über sie schmunzelt. – Das „Wie" wird zum eigentlichen Träger der epischen Spannung. Diese spezifische Erzählhaltung betrachtet Mann als integralen Bestandteil seines Romans. Sie

> gehört hier zum Spiel, sie ist eigentlich nicht die Rede des Autors, sondern die des Werkes selbst, sie ist in seine Sprachsphäre aufgenommen, ist indirekt, eine Stil- und Scherzrede, ein Beitrag zur Schein-Genauigkeit, der Persiflage sehr nahe und jedenfalls der Ironie: denn das Wissenschaftliche, angewandt auf das ganz Unwissenschaftliche und Märchenhafte ist pure Ironie.[156]

Im Josephsroman ist daher – genau wie später in *Doktor Faustus* – eine komplexe Erzählebene präsent, bei der es sich quasi um ein Metaerzählen zur eigentlichen Geschichte handelt. Diese zieht oftmals in solchem Maße die Aufmerksamkeit auf sich, dass sie zur markantesten Komponente des fiktionalen Textes wird.

Aus all diesen Gründen kann man sich in der Geschichte von Joseph und seinen Brüdern nicht einfach gemütlich „festlesen". Die Betonung auf jenem „Wie" hat eine konsequente Unterbrechung des Erzählflusses zur Folge. Für einen aufmerksamen Leser ist ein bloßes Miterleben der Geschichte nicht möglich, denn er wird unablässig daran erinnert, dass er gemeinsam mit dem Erzähler außerhalb der erzählten Geschichte steht. Es existiert eine Welt der Narration und eine Welt der Rezeption, die sich nie zu einer einzigen Welt verbinden.

[154] Ibid.: 1480.
[155] Ibid.
[156] In GW XI 1990a: 656, Vortrag *Joseph und seine Brüder*.

Der permanente Abstand zwischen dem Leser und der Welt der mythischen Erzählung ist ein wichtiges Merkmal für die Humanisierung des Mythos in Manns Josephsroman. Mann zeigt damit, dass der Leser seines Romans unablässig alles reflektieren muss, dass die Dinge relativ sind, je nachdem, aus welcher Perspektive man sie beleuchtet. Dass man niemandem blind vertrauen und das, was man liest oder hört, stets kritisch hinterfragen sollte. Die Botschaft des Romans ist dem Wesen von Manns Erzähler inhärent und ließe sich im literaturgeschichtlichen Kontext mit den Worten Immanuel Kants formulieren: „Sapere aude! Habe Muth, dich deines eigenen Verstandes zu bedienen!“[157] Diese universale aufklärerische Forderung an den Menschen ist gerade im Kontext des Nationalsozialismus und seiner „Blut- und Boden“-orientierten Mythosauffassung, wie sie z. B. in Alfred Rosenbergs Schrift *Der Mythus des 20. Jahrhunderts* vertreten wird, von äußerster Dringlichkeit. Rosenberg, der „Philosoph“ des deutschen Faschismus und „Präzeptor Hitlers“[158], verkündete die Entstehung eines neuen Mythos und konstatierte dabei unter anderem, dass dieser „Mythus des Blutes und der Mythus der Seele, Rasse und Ich, Volk und Persönlichkeit, Blut und Ehre, allein, ganz allein und kompromißlos das ganze Leben durchziehen, tragen und bestimmen muß“.[159] Thomas Mann hingegen nutzte das epische Medium des Erzählers in seinem Roman dazu, in einer Zeit des Rassenwahns zu zeigen, dass auch der Mythos zu einer besseren Erkenntnis des Menschen, seines Wesens, seiner Wurzeln beitragen kann, die irgendwo in ferner Vergangenheit in einem einzigen gemeinsamen Ursprung zusammenlaufen. Mit seiner Mythosauffassung bezog Mann implizit Stellung gegen das nazistische Deutschland, wo just der Mythos als eines der Mittel zum Beleg von Unterschieden zwischen den menschlichen Rassen missbraucht wurde, die man für derart wesentlich hielt, dass man mit ihnen die systematische Ermordung von Menschen zu begründen suchte. Im nazistischen Deutschland sollte der Mythos in das Alltagsleben eingreifen und untrennbarer Bestandteil desselben sein, und dies bar jeder rationalen Reflexion, welche die Unmenschlichkeit dieser Zeit hätte aufzeigen können. Die Erzählstrategie des Romans *Joseph und seine Brüder* kann in diesem Sinne als Waffe verstanden werden, die der Autor gegen den Feind wendete, obgleich seinerzeit niemand mehr glaubte, dass so etwas noch möglich sei. Thomas Mann brachte all das in dem oft zitierten Satz zum Ausdruck: „Der Mythos wurde in

---

[157] In Kant 1968: 35.

[158] In GW XI 1990a: 658, Vortrag *Joseph und seine Brüder*.

[159] In Rosenberg 1935: 759.

diesem Buch dem Faschismus aus den Händen genommen und bis in den letzten Winkel der Sprache hinein *humanisiert*, – wenn die Nachwelt irgend etwas Bemerkenswertes daran finden wird, so wird es dies sein."[160]

[160] In GW XI 1990a: 658, Vortrag *Joseph und seine Brüder*.

4. Ivan Olbracht, die Karpatenukraine und Übersetzungen aus dem Deutschen

Ivan Olbracht (eigtl. Kamil Zeman) war der Sohn des Schriftstellers Antal Stašek (eigtl. Antonín Zeman) und dessen Frau Kamila Zemanová, geb. Schönfeldová, die aus einer jüdischen Familie stammte. Das Schicksal der Mutter, die sich vor ihrer Hochzeit katholisch taufen ließ, bildete wohl einen der Hintergründe für die Erzählung *O smutných očích Hany Karadžičové* (dt.: *Von den traurigen Augen der Hana Karadžičová*). Bis Ende der zwanziger Jahre überwog Olbrachts linksgerichtete politische und journalistische Tätigkeit sein belletristisches Schaffen. Ab 1909 war er in Wien für die Arbeiterzeitschrift *Dělnické listy* tätig, von 1916 bis 1920 arbeitete er in der Prager Redaktion der sozialdemokratischen Zeitschrift *Právo lidu* und von 1920 bis 1929 als Redakteur der neu gegründeten kommunistischen Tageszeitung *Rudé právo*. Im Februar des letztgenannten Jahres war Olbracht zudem Hauptinitiator des sogenannten Manifests der Sieben (manifest sedmi), eines Dokuments, in dem er gemeinsam mit sechs weiteren Autoren sein Missfallen gegenüber der neuen Führung der kommunistischen Partei unter Klement Gottwald zum Ausdruck brachte.[161] Am 26. März 1929 wurde er aus der Partei ausgeschlossen und beendete daraufhin auch seine journalistische Tätigkeit. Für seine politischen Aktivitäten war Olbracht zweimal in Haft (1926 für zwei Monate in Schlesisch Ostrau – siehe dazu sein Buch *Zamřížované zrcadlo* [1930]; dt.: *Der vergitterte Spiegel* [1932, 1961] – und 1928 für einen Monat im Prager Gefängnis Pankrác). Bis 1945 verfasste Olbracht vor allem belletristische Texte und Reportagen sowie Übersetzungen aus dem Deutschen.

Ein Großteil von Olbrachts in Buchform erschienenen belletristischen Texten liegt auch in deutscher Übersetzung vor. In seinem Erstlingswerk, dem Erzählband *O zlých samotářích* (1913, überarb. Auflage 1939; [Von bösen Einzelgängern]), schuf Olbracht Figuren gesellschaftlicher Außenseiter, die mit ihrer Lebenseinstellung gleichzeitig den Traum von Freiheit verkörpern. Diesem literarischen Typus wendete sich Olbracht bis zu seinem Roman *Nikola Šuhaj loupežník* (1933; dt.: *Der Räuber Nikola Schuhaj* [1934, 1953, 1971, 1989]) immer wieder zu. In dem psychologischen Roman *Žalář nejtemnější* (1916, überarb. Auflage 1934; dt.: *Im dunkelsten Kerker* [1923]) bearbeitete er

161 Die anderen sechs Autoren waren Josef Hora, Marie Majerová, Helena Malířová, S. K. Neumann, Jaroslav Seifert und Vladislav Vančura. Vgl. Opelík 1995: 563.

das Thema des „bösen Einzelgängertums“ anhand der Figur eines von krankhafter Eifersucht besessenen erblindeten Mannes. In einem weiteren, während des Ersten Weltkriegs entstandenen Roman, *Podivné přátelství herce Jesenia* (1919, überarb. Auflage 1936; dt.: *Die seltsame Freundschaft des Schauspielers Jesenius* [vor 1922], *Der Schauspieler Jesenius* [1958]), sucht Olbracht nach einem positiven ideellen Ausweg aus der Krise, in der sich die vom Kriegskonflikt deformierte tschechische Gesellschaft befand. In den zwanziger Jahren radikalisierte sich unter dem Einfluss der russischen Oktoberrevolution Olbrachts politische Tätigkeit. Dies ging mit einer Wandlung seines literarischen Schaffens einher, in welchem nun die agitatorische Komponente dominierte. Das markanteste Werk aus dieser Zeit ist der Roman *Anna proletářka* (1928, überarb. Auflage 1946; dt.: *Anna. Der Roman einer Arbeiterin* [1929], in derselben Übersetzung auch u. d. T. *Anna, das Mädchen vom Lande* [1929, 1951]; *Anna* [1953, 1964]). Aus Anna, einem naiven Mädchen vom Lande, das nach Prag kommt, um als Dienstmädchen zu arbeiten, wird allmählich eine radikale Revolutionärin, die 1920 zusammen mit ihrem Mann an der Spitze der zwischen Kommunisten und Sozialdemokraten ausgefochtenen blutigen Kämpfe um das Prager Volkshaus (Lidový dům) steht.[162]

Die intensivste Zeit in Olbrachts literarischem Schaffen waren die dreißiger Jahre. Nach seinem Rückzug aus dem politischen Leben und dem Verlust seines Redakteurspostens bei *Rudé právo* war er jedoch mit materieller Not konfrontiert. Angebote zur Zusammenarbeit mit einer anderen linksgerichteten Zeitung lehnte er ab und gab damit seine langjährige aktive Journalistentätigkeit auf.[163] Stattdessen konzentrierte er sich nun vollständig auf die Arbeit als freischaffender Schriftsteller. In dieser Zeit begann er auch ausgewählte Werke der deutschen Literatur zu übersetzen. Zu Olbrachts Haupterwerbsquelle wurde die kontinuierliche Übersetzertätigkeit vor allem in der ersten Hälfte der dreißiger Jahre bzw. vor seinem Erfolg mit *Nikola Šuhaj loupežník*, einem Roman, der in der Karpatenukraine, dem damals östlichsten Teil der Tschechoslowakei, spielt, wo der Schriftsteller neue schöpferische Inspiration fand.[164]

Die Karpatenukraine (tschech. Podkarpatská Rus), der ukrainische Verwaltungsbezirk Transkarpatien, befindet sich heute im westlichsten Teil der Ukraine. Von 1919 bis 1939 war die Karpatenukraine Teil der Tschechoslowakischen Republik. Die Eingliederung der Verwaltungseinheit in den neu ent-

162 Vgl. den Artikel „Ivan Olbracht“ in *Lexikon české literatury*, Lantová 2000: 665–671.

163 Vgl. Hanuška 2001: 423, Holub 1983: 174f., 191.

164 Vgl. Píša 1982: 67f., 155–163 und Lantová 2000: 666.

standenen tschechoslowakischen Staat erwies sich jedoch als kompliziert, da die politischen und kulturellen Umstände wie auch die Nationalitätenverhältnisse in dieser Region unübersichtlich waren. Kulturell war die Karpatenukraine für Tschechen und Slowaken ein unbekanntes, exotisches Terrain, das es erst noch richtig zu erkunden galt.[165]

Bereits um die Jahreswende 1919/1920 waren erste Publikationen erschienen, die die breite Öffentlichkeit über die Verhältnisse in diesem östlichsten Teil der Republik informieren sollten. In der Folgezeit kamen auch wissenschaftliche Arbeiten und Monografien hinzu. 1924 wurde in Prag eine ethnografische Ausstellung mit dem Titel *Umění a lid Podkarpatské Rusi* [Kunst und Volk der Karpatenukraine] eröffnet, die in starkem Maße dazu beitrug, dass sich innerhalb der tschechischen Kultur Interesse an diesem Gebiet zu regen begann.[166]

Olbracht war nur einer von vielen tschechischen Autoren, die sich in ihrem literarischen Werk mit dieser Region befassten.[167] Sein Zugang zu dem Stoff war jedoch eine Ausnahmeerscheinung. 1931 hatte er die Region erstmals besucht und in den nächsten sechs Jahren kehrte er regelmäßig hierher zurück. Im Laufe der Zeit entstanden insgesamt fünf Arbeiten mit karpatoukrainischer Thematik, wobei es sich abwechselnd um Reportagen und belletristische Texte handelte. Die zeitgenössische Kritik honorierte Olbrachts intime Kenntnis des karpatoukrainischen Milieus, sein redliches Vorgehen bei der Aufbereitung des Materials wie auch seine Geduld während des Schaffensprozesses. Der tschechische Dichter und Literaturkritiker S. K. Neumann beschrieb dies mit folgenden Worten:

> [...] die Karpatenukraine [...] ist ein schwieriges und kompliziertes Problem, in mehrerlei Hinsicht schön, düster und so stark, dass nicht nur ein gewöhnlicher Tourist an ihr scheitern muss, sondern auch ein Schriftsteller, der glaubt, er könne kalten Herzens und mit uninformiertem, kleinbürgerlichem Horizont wegen eines modischen „Themas" hierher fahren. Gut erfasst hat dies, glaube ich, Ivan Olbracht, der sich das „Land ohne Namen" zunächst gründlich, unerschrocken und warmherzig anschaute und erst dann noch einmal wegen seines Nikola Šuhaj hierherkam.[168]

---

165 Vgl. Pop 2005: 108–145 und 177.

166 Vgl. ibid.: 129, 131.

167 Weitere Autoren, die die Karpatenukraine in ihrem literarischen Werk thematisierten, waren z. B. Karel Čapek, Vladislav Vančura, Jaroslav Durych, Stanislav Kostka Neumann, František Skácelík, Jaroslav Zatloukal, Vašek Káňa, Josef Spilka, Jan Vrba oder Z. M. Kuděj. Vgl. Hanuška 2001: 425f., Hartl 1933a: 54f. und Hartl 1933b: 67f.

168 Orig.: „[...] Podkarpatská Rus [...] je těžký a složitý problém, po nejedné stránce krásný a

In einem von Antonín Hartl verfassten Artikel mit dem Titel *Čeští spisovatelé a Podkarpatská Rus* [Die tschechischen Schriftsteller und die Karpatenukraine] schneidet Olbracht in einem Vergleich mit einem anderen Autor, Jan Vrba, folgendermaßen ab:

> Vrba blieb überhaupt mehr an der Natur und den Eigentümlichkeiten der Menschen haften, die er offenbar aus zweiter Hand kannte, er versuchte nicht, in ihr Inneres vorzudringen; er betrachtete Land und Leute aus tschechischer Perspektive. Daher schrieb er einen tschechischen Roman mit einer konventionellen Geschichte, die er lediglich in einen karpatoukrainischen Rahmen verpflanzte. Eine Identifikation mit der Ruthenischen Seele gelang erst Olbracht.[169]

Das Interesse an der Karpatenukraine war also gewissermaßen „in Mode", Olbracht entging jedoch aufgrund seiner fundierten Arbeitsweise der Bezichtigung, lediglich ein „Modethema" aufgegriffen zu haben. Seine karpatoukrainischen Texte sind Resultat eines mehrjährigen systematischen Interesses an dieser Region. Miloš Hlávka beschreibt Olbrachts Beziehung zur Karpatenukraine in seinem Artikel *Země, jež nalezla svého básníka* [Das Land, das seinen Dichter fand] so:

> Olbracht ist jedoch nicht nur Landeskenner oder bloßer Tourist, er benutzt die Landschaft nicht als Dekoration für seine Bücher oder zur gelegentlichen Erweiterung seines Motivspektrums – für ihn wurde die Karpatenukraine zum dichterischen wie auch menschlichen Schicksal, er bedichtete dieses Land in der ganzen objektiven Breite seiner Fakten und verbunden mit subjektiven Erlebnissen.[170]

Im Kontext von Olbrachts literarischem Werk bilden die karpatoukrainischen Texte ein zeitlich, thematisch wie auch poetologisch geschlossenes Ganzes seiner späten und künstlerisch reifen Phase der 1930er Jahre.

---

ponurý a tak silný, že na něm musí ztroskotati nejen turista obecný, ale i spisovatel, který by se domníval, že si sem může se studeným srdcem a neinformovanou, maloměšťáckou soudností zajeti pro módní ‚námět'. Tohle, myslím, dobře vystihl právě Ivan Olbracht: podíval se napřed důkladně, nebojácně a vřele na Zemi bez jména a teprve poté zašel si sem ještě jednou pro Nikolu Šuhaje." In Neumann 1934: 17.

169 Orig.: „Vrba vůbec ulpěl více na přírodě a na zvláštnostech lidí, jež znal zřejmě z druhé ruky, nepokusil se proniknout do jejich nitra; díval se česky na zemi a lidi. Napsal tedy český román s konvenčním příběhem a zasadil jej toliko do podkarpatoruského rámce. Ztotožnit se s duší Rusínovou zdařilo se až Olbrachtovi." In Hartl 1933a: 55.

170 Orig.: „Olbracht však není jen znalcem země ani pouhým turistou, ani nepoužívá krajiny za dekoraci svých knih, ani nerozšiřuje okruh svých motivů příležitostně; jemu se stalo Podkarpatsko osudem básnickým i lidským, on zbásnil tu zemi v celé objektivní šíři jejích faktů a v doprovodu subjektivních zážitků." In Hlávka 1934–1935: 5.

Die politische Komponente der karpatoukrainischen Thematik wurde von Olbracht selbst betont, als er beschloss, zunächst keinen Roman, sondern eine kulturpolitische Reportage zu schreiben. Rückblickend kommentiert er seine Entscheidung mit den Worten:

> Ich war hierhergekommen, um Belletristik zu schreiben. Als ich aber sah, in welch maßlose Armut das ganze Land getrieben worden war, was für kulturelle und politische Wirren hier ganz bewusst und zu eigennützigen Zwecken ausgelöst wurden und wie eine gefährliche und gut organisierte Meute von Gaunern ganze Landstriche plünderte, war es zumindest in der ersten Zeit unmöglich, die Belletristik nicht Belletristik sein zu lassen und nicht über all das zu schreiben.[171]

In seiner Reportagenserie *Boj o kulturu na Podkarpatské Rusi* [Kulturkampf in der Karpatenukraine], die 1931 in Fortsetzung in der Literaturzeitschrift *Literární noviny* erschien, ging Olbracht erstmals über die Grenzen eines oberflächlichen Interesses hinaus und blickte hinter die exotischen Kulissen dieses Landstrichs. Er beschrieb, in welch ärmlichen Verhältnissen die Menschen hier lebten und in welchem Chaos sich die Region auch zwanzig Jahre nach ihrem Anschluss an die Tschechoslowakei befand. Er machte auf Fehler der tschechoslowakischen Regierung in Bezug auf die Karpatenukraine aufmerksam. Er analysierte die gegenwärtige Situation dieser Gegend im Kontext der komplizierten historischen Entwicklung und stieß dabei auf Analogien zum Schicksal der Tschechen in der Habsburgermonarchie.[172]

Im darauffolgenden Jahr erschien unter dem Titel *Země bez jména* [Land ohne Namen] und dem Untertitel *Reportáže z Podkarpatska* [Reportagen aus der Karpatenukraine] ein Buch, in welchem Olbracht die ursprünglich in der Zeitschrift *Literární noviny* veröffentlichten Texte stilistisch und kompositorisch aufbereitete und ausbaute. Vom Genre her näherte er sich damit der künstlerischen Reportage. Der Band enthält insgesamt vier Texte: *Vesnice XI. století* (dt.: *Das Dorf aus dem elften Jahrhundert*), *Ti, o kterých tu dříve nebylo slýcháno* (dt.: *Die, von denen früher hier nie zu hören gewesen ist*), *Židé* (dt.: *Die Juden*) und *Boj o kulturu a jazyk* [Kampf um Kultur und Sprache])[173]. 1933

[171] Orig.: „Přišel jsem sem psát beletrii. Ale když jsem viděl, do jak bezměrné bídy byla celá země vehnána, jaké kulturní a politické zmatky se tu zcela vědomě a za zištnými účely vyvolávají a jak nebezpečná a dobře organizovaná smečka lotrů rabuje celé kraje, nebylo možno alespoň v první době nenechati beletrii beletrií a nepsati o nich." In Olbracht 1961: 175.

[172] Vgl. auch Olbracht 1958: 65–86, wo die Reportage unter demselben o. g. Gesamttitel (in tschechischer Sprache) abgedruckt ist.

[173] Anm. d. Übers.: Die Reportagen *Das Dorf aus dem elften Jahrhundert*, *Die, von denen früher hier nie zu hören gewesen ist* und *Die Juden* sind 1952 in überarbeiteter Form in

wurde der Roman *Nikola Šuhaj loupežník* (dt.: *Der Räuber Nikola Schuhaj* [1934, 1953, 1971, 1989]) herausgegeben, in den Olbracht einige Teile der Reportagen einarbeitete. 1934 drehte Vladislav Vančura nach einem von Olbracht verfassten Drehbuch in der Karpatenukraine (insbesondere in Koločava) den Film *Marijka nevěrnice* [Marijka, die Untreue]. An besagtem Drehbuch war neben Olbracht auch der Schriftsteller Karel Nový beteiligt.[174] Ein Jahr später erschien das Buch *Hory a staletí* (1935; dt.: *Berge und Jahrhunderte* [1952]). In diesen Band nahm Olbracht auch überarbeitete Reportagen aus *Země bez jména* auf (so erschien z. B. die Reportage *Boj o kulturu a jazyk* hier unter dem Titel *Země bez jména* [Land ohne Namen], in der deutschen Ausgabe des Bands ist diese Reportage jedoch nicht enthalten), hinzu kamen sechs neue Texte: *Loupežníci* (dt.: *Die Räuber*), *Století osmnácté* (dt.: *Das achtzehnte Jahrhundert*), *Obtížné jednání s Ančou Burkalovou* (dt.: *Schwieriges Verhandeln mit Anča Burkalová*), *Mandra* (dt.: *Mandra*), *O zuřivosti chtění* (dt.: *Von der Wut des Begehrens*) und *Země se nacionalisuje* (dt. u. d. T.: *Die Herrschaft der Agrarpartei*). Die Reportagen rückten in dieser Form noch stärker in die Nähe der Belletristik. Einige Passagen wurden sogar aus dem Roman *Nikola Šuhaj loupežník* übernommen, wodurch sich der dramatische und epische Charakter abermals verstärkte. An vielen Stellen finden sich ausgesprochen lyrische und dialogische Passagen. Die allmähliche Annäherung der Reportagen an künstlerische Texte wird auch an der Entwicklung der Titel *Boj o kulturu na Podkarpatské Rusi* [Kulturkampf in der Karpatenukraine], *Země bez jména* [Land ohne Namen] und *Hory a staletí* (*Berge und Jahrhunderte*) deutlich. Der letzte von Olbrachts „karpatoukrainischen" Texten ist der 1937 erschienene Prosaband *Golet v údolí* ([Galut im Tal], dt. u. d. T. *Wunder mit Julka* [1967], *Von den traurigen Augen der Hana Karadžičová* [1990], *Die traurigen Augen. Drei Novellen* [2001]), der die Texte *Zázrak s Julčou* (*Das Wunder mit Julča*), *Událost v mikve* (*Der Vorfall in der Mikwe*) und *O smutných očích Hany Karadžičové* (*Von den traurigen Augen der Hana Karadžičová*) enthält.[175]

Später schrieb Olbracht keine originären Werke mehr, stattdessen befasste er sich ausschließlich mit Adaptionen, die zu einem Großteil für Kinder

---

der deutschen Übersetzung des Bandes *Hory a staletí* (1935), dt.: *Berge und Jahrhunderte*, erschienen.

174 Vgl. Opelík 1995: 565. Die erste Version des Drehbuches zum Film *Marijka nevěrnice* ist in dem posthum erschienenen Band *Pryč s legendami* [Fort mit den Legenden] enthalten. Vgl. Olbracht 1961: 287–313. Die letzte Version ist zusammen mit Szenenfotos aus dem Film und weiteren Dokumenten in Olbracht – Nový – Vančura 1982 abgedruckt.

175 Vgl. Opelík 1995: 563f., Píša 1982: 68–74, Šandová 1974: insbes. 66–77, Olbracht 1932, Olbracht 1936, Olbracht 2001a.

und Jugendliche bestimmt waren. Diese neue Akzentsetzung in seinem Schaffen ging mit der zeittypischen Frage einher, „was in der Gegenwart an Wesentlichem aus der Vergangenheit fortwirkt".[176] Zu den adaptierten Werken gehören die für Jugendliche bestimmten *Biblické příběhy* [Biblische Geschichten] aus dem Jahr 1939 und der textuell andersartige Band *Čtení z Biblí kralické* [Lektüre aus der Kralitzer Bibel], an dem Olbracht 1940–1941 arbeitete und dessen bereits erstellter Drucksatz leider 1942 wieder auseinandergenommen wurde. Das Buch wurde schließlich posthum erst 1958 und – in einer um das *Neue Testament* ergänzten Ausgabe – 1983 veröffentlicht.[177] Mit der Nacherzählung der biblischen Geschichten bekannte sich Olbracht während des Krieges zum einen zur jüdisch-christlichen Tradition, zum anderen trat er damit an der Seite des tschechischen Schriftstellers Vladislav Vančura und dessen unvollendet gebliebener *Obrazy z dějin národa českého* [Bilder aus der Geschichte der tschechischen Nation] für die humanistischen Wurzeln der tschechischen Sprache und für die Existenz des tschechischen Volkes ein. Von einem ähnlichen Geist getragen ist auch der 1940 veröffentlichte Band *Ze starých letopisů* [Aus alten Chroniken], in welchem Olbracht Texte aus alten tschechischen Chroniken für jugendliche Leser aufbereitete. 1947 folgte unter dem Titel *O mudrci Bidpajovi a jeho zvířátkách* (dt. u. d. T.: *Altindische Fabeln* [1964, 1967]) eine Nacherzählung altindischer Fabeln sowie eine Adaption von W. H. Prescotts *Dějiny dobytí Mexika* (Orig.: *History of the Conquest of Mexico* [1843]), die unter dem Titel *Dobyvatel* [Der Eroberer] herausgegeben wurde.[178]

Olbracht war kein Berufsübersetzer. Er übersetzte ausschließlich aus dem Deutschen, das er dank seiner Herkunft aus einem ethnisch gemischten Gebiet Nordostböhmens, dank des Besuchs österreichisch-ungarischer Schulen und eines Studienaufenthalts an der Berliner Universität 1900–1901 wie auch durch seine Arbeit für die Zeitschrift *Dělnické listy* in Wien 1909–1916 perfekt beherrschte. Innerhalb von sieben Jahren übersetzte er acht Bücher von sechs verschiedenen Autoren:[179]

---

176 Orig.: „[...] co podstatného se ještě v současnosti ozývá z minulosti". In Pohorský 1975: 214.

177 Vgl. Macek 1990: 371.

178 Vgl. Opelík 1961: 192.

179 Vgl. Opelík 1967: 20 und Lantová 2000: 669. In einer aus dem Jahr 1967 stammenden Quelle fehlt der Roman *Kleiner Mann – was nun?* von Hans Fallada, den Olbracht gemeinsam mit E. Nová unter dem Pseudonym Josef Vrbata übersetzte. Die ersten beiden Bände von Manns Tetralogie übersetzte Olbracht in Zusammenarbeit mit Helena Malířová.

Erscheinungsjahr	Eigene Texte Olbrachts	Übersetzung
1931	Boj o kulturu na Podkarpatské Rusi	Jakob Wassermann: Jost [tschech. u. d. T.: Cesta na Golgatu]
		B. Traven: Der Schatz der Sierra Madre
1932	Země bez jména	Arnold Zweig: Junge Frau von 1914
1933	Nikola Šuhaj loupežník	Lion Feuchtwanger: Der jüdische Krieg (4. Aufl. 1936)
		Hans Fallada: Kleiner Mann – was nun?
1934		Thomas Mann: Joseph und seine Brüder (Die Geschichten Jaakobs, Der junge Joseph)
1935	Hory a staletí	
1936		B. Traven: Die weiße Rose
1937	Golet v údolí	Thomas Mann: Joseph und seine Brüder (Joseph in Ägypten)

Tabelle 1: Zeitlicher Bezug zwischen Olbrachts karpatoukrainischer Prosa und seinen Übersetzungen aus dem Deutschen

Olbrachts Übersetzungen erschienen in verschiedenen Verlagen.[180] Ungeklärt ist, ob Olbracht die Texte selbst auswählte und sie daraufhin den jeweiligen Verlagen zur Übersetzung anbot oder ob er sich nach der Nachfrage richtete. Um dies zu ermitteln, müsste Olbrachts eventuelle Korrespondenz mit den einzelnen Verlegern durchgesehen werden. Ein Werk des Zufalls konnte die Wahl der Autoren und ihrer Texte jedoch kaum sein.

Verbindende Komponente aller übersetzten Texte sind Elemente des Judentums oder auch das Interesse an sozialen Themen. Jüdische Wurzeln hatte Olbracht mit Lion Feuchtwanger, Jakob Wassermann und Arnold Zweig gemeinsam.[181] Ein grundlegender Bestandteil des literarischen Werks war das Judentum bei Lion Feuchtwanger wie auch bei Thomas Mann, bei dem es fest mit dem alttestamentarischen Stoff, dem Mythos und mit spezifischen Erzählstrategien verbunden ist.[182] Auf künstlerischer Ebene war Olbracht der

180 Es handelt sich um die Verlage Adolf Synek (*Jost*), Mil. Dolínek (*Der Schatz der Sierra Madre*), Kruh (*Die weiße Rose*), Družstevní práce (*Junge Frau von 1914*), Fr. Borový (*Der jüdische Krieg*), Sfinx (*Kleiner Mann – was nun?*) und Melantrich (*Joseph und seine Brüder*). Vgl. den Online-Katalog der Nationalbibliothek der Tschechischen Republik (Národní knihovna České republiky) auf deren Webseiten www.nkp.cz oder die Bibliografie zu Olbrachts gedruckten Arbeiten, Nosek – Laiske [1974].

181 Zu Olbracht vgl. Píša 1982: 5. Zu den übersetzten Autoren und deren Werken vgl. nacheinander Lutz 1994: 189–191, 825–827, 879f.

182 Vgl. Kap. 3 *Joseph und seine Brüder*, S. 17ff.

jüdische und alttestamentarische Stoff gerade in jener Zeit am nächsten, als er sich ausschließlich den Übersetzungen und dem Verfassen seiner von der Karpatenukraine inspirierten Prosatexte widmete. In der Karpatenukraine lebte sowohl eine einflussreiche Gruppe wohlhabender orthodoxer Juden als auch eine arme jüdische Bevölkerungsschicht. Die Auseinandersetzung mit dem Phänomen der karpatoukrainischen Juden, ihrer Beziehung zur alttestamentarischen Tradition und zu Gott war einer der Schlüssel zum Verständnis der unübersichtlichen gesellschaftlichen und wirtschaftlichen Lage in dieser Region.[183] In Verbindung mit den sozialen Themen waren für Olbracht die Schriftsteller B. Traven und Hans Fallada von großer Bedeutung.[184] B. Traven befasste sich systematisch mit den Schicksalen von Menschen, die am Rande der Gesellschaft lebten, Fallada beschrieb in seinem Roman *Kleiner Mann – was nun?* die verzweifelte Situation eines gewöhnlichen Kleinbürgers, der während der Weltwirtschaftskrise alle Sicherheiten seines bisherigen Lebens verliert. Die übersetzten Werke korrespondieren mit Olbrachts lebenslanger politischer Linksorientierung und seinem Interesse an sozialen Fragen, literarisch lassen sich Parallelen zum Figurentyp des „bösen Einzelgängers" erkennen.

Ein weiteres die übersetzten Autoren verbindendes Element ist laut Jiří Opelík deren antinazistische Orientierung, die sie ins Exil führte:

> Wenn es [Olbrachts Übersetzertätigkeit] auch hauptsächlich eine Existenzfrage war, so kam es doch durch die Auswahl zur Vermittlung von Autoren, die ausschließlich zur ersten Garnitur der zeitgenössischen deutschen Literatur gehörten (wenn wir auch Traven für einen Schriftsteller deutscher Herkunft ansehen) und die nach der Machtergreifung der Nazis ausnahmslos emigrierten (Traven lebte schon vorher in Amerika).[185]

Opelík schlussfolgert daraus, dass die übersetzten Bücher „allein durch ihre Veröffentlichung [...] das tschechische Kulturleben [bereicherten] und [...] die demokratischen bzw. antifaschistischen Kräfte beider Nationalkulturen einander an[näherten]"[186]. Dieser Schlussfolgerung kann voll und ganz zugestimmt werden, zu präzisieren ist jedoch, dass Jakob Wassermann bereits 1934 in Österreich starb und Hans Fallada, den Opelík gänzlich außer Acht lässt, nie im Exil lebte. Arnold Zweig ging 1933 nach Palästina, Lion Feuchtwanger in die USA. Thomas Mann erfuhr im selben Jahr während einer Vor-

---

[183] Vgl. z. B. Olbrachts Reportage *Židé* im Buch *Země bez jména*, Olbracht 1932: 48–72 (dt. in überarbeiteter Form u. d. T.: *Die Juden* in *Berge und Jahrhunderte*, 1952, S. 54–75).

[184] Zu den übersetzten Autoren und deren Werken vgl. nacheinander Lutz 1994: 786–788, 182–186.

[185] In Opelík 1967: 21.

[186] Ibid.

tragsreise durch Europa vom Reichstagsbrand und beschloss unter dem Druck der Umstände, nicht nach Deutschland zurückzukehren. Bis 1938 lebte er in der Schweiz, anschließend emigrierte er über die Tschechoslowakei in die USA.[187]

Wenngleich sich also über die von Olbracht übersetzten Autoren nicht sagen lässt, dass sie ausnahmslos emigriert wären, so ist ihnen doch die Abneigung gegen das nazistische Regime gemeinsam. Die Weltwirtschaftskrise hatte in Deutschland den Boden für eine Radikalisierung der Gesellschaft bereitet, die sich in einer immer rasanteren Nazifizierung, in antisemitischen Stimmungen, der Verfolgung unliebsamer Personen oder auch in der Verbrennung von Büchern äußerte. In den Flammen endeten neben Thomas Manns Werken auch die Bücher Ivan Olbrachts. Der Autor erwähnt dies in einem an seine Frau adressierten, am 29. August 1936 in Koločava abgesendeten Brief:

> Heute saß ich in Kvasovec in der Wanne, da kam zu mir der Förster vom Besitzer des Vušaner Guts (der Wälder, durch die wir auf den Perechrest gefahren sind), eines gewissen reichsdeutschen Grafen mit einem seltsamen Namen, der gerade zur Bärenjagd hierhergekommen ist. – Ob der Herr Graf mich am Nachmittag besuchen dürfe. „Gern", sagte ich, doch den geladenen Revolver habe ich mir trotzdem in die Tasche gesteckt. Ich dachte an meine in Deutschland verbrannten Bücher, an mein Telegramm an Hitler und an Formis.[188]

Mit seinem eigenen künstlerischen Werk wie auch mit seiner Übersetzertätigkeit nahm Olbracht implizit eine antinazistische Haltung ein. Seine Übersetzungen können aus literaturgeschichtlicher Sicht als Sympathiegeste gegenüber den deutschen Exilautoren und ihrem Schaffen verstanden werden. Am umfangreichsten sind hierbei Olbrachts Thomas-Mann-Übersetzungen: insgesamt drei der vier Bände der Josephstetralogie.[189] Der tschechische Litera-

---

[187] Zu Thomas Mann vgl. Lehnert 1973: 401.

[188] Orig.: „Dnes sedím na Kvasovci ve vaně a přišel hajný od majitele vušanského panství (těmi lesy jsme přijeli na Perechrest) jakéhosi říšskoněmeckého hraběte podivného jména, který sem právě přibyl na medvědy, smí-li mě pan hrabě odpoledne navštívit. ‚Bude mě těšit,' ale nabitý revolver jsem si do kapsy vzal přec, vzpomněl jsem si na své spálené knihy v Německu, na můj telegram Hitlerovi a na Formise." In Olbracht 1966: 109.

Anm. d. Übers.: Rudolf Formis (1894–1935) war ein deutscher Ingenieur und Radiotechniker, der in der Zeit des Nationalsozialismus auf dem Gebiet der Tschechoslowakei antinazistische Rundfunksendungen ausstrahlte. Er wurde 1935 im Auftrag Reinhard Heydrichs vom deutschen SD ermordet.

[189] Der letzte Teil der Tetralogie, *Joseph der Ernährer*, erschien erst 1943, in einer Zeit, in der Olbrachts karpatoukrainische Periode bereits abgeschlossen war. Auf Tschechisch erschien der Band unter dem Titel *Josef Živitel* 1951 im Verlag Melantrich in einer Übersetzung Pavel Eisners.

turwissenschaftler Jiří Opelík äußerte bereits 1967 den Gedanken, dass Olbrachts Übersetzungstätigkeit dessen eigenes belletristisches Werk der dreißiger Jahre beeinflusst habe. Im folgenden Teil dieses Buches sollen nacheinander die beiden wichtigsten Werke aus Olbrachts karpatoukrainischer Periode vorgestellt und vor dem Hintergrund von Opelíks These interpretiert werden.

5. *Nikola Šuhaj loupežník*

Olbrachts Roman *Nikola Šuhaj loupežník* (dt.: *Der Räuber Nikola Schuhaj* [1934, 1953, 1971, 1989]) wurde 1933 in dem von Bohumil Janda betriebenen Verlag Sfinx herausgegeben.[190] Mit der Sammlung des Materials begann Olbracht bereits während seines ersten Besuchs in der Karpatenukraine. Schon damals faszinierte ihn das tragische Schicksal des realen Mikuláš-Nikola Šuhaj, eines Deserteurs der österreichisch-ungarischen Armee, der am 16.08.1921 zusammen mit seinem jüngeren Bruder Jura getötet wurde.[191] Olbracht erkannte das mythenbildende Potenzial der Geschichte und konzentrierte sich daraufhin auf das Studium der zugänglichen Materialien. Hierbei stand ihm ein Teil der Gerichtsakten zur Verfügung, er sprach mit Zeitzeugen, darunter auch mit Šuhajs hinterbliebener Frau Eržika und mit Nikolas Vater. Mehrmals hielt er sich im Gebiet von Koločava, Šuhajs einstiger Heimat, auf.[192] Zu Olbrachts Quellen kann auch der von ihm selbst verfasste Reportagenband *Země bez jména* [Land ohne Namen] gezählt werden, in welchem sich bereits Ansätze zu einigen Passagen des Romans finden, einschließlich des bekannten Anfangsbildes mit dem Motiv eines zerknitterten, im Ofen verkohlten Stücks Papier. So wird die Reportage *Vesnice XI. století* (*Das Dorf aus dem elften Jahrhundert*)[193] mit folgenden Worten eingeleitet:

> Ein Stück zerknitterten Papiers, das man gerade in den Ofen werfen möchte. So ist die Landschaft. So faltig und zerklüftet: Berg auf Berg und Schlucht an Schlucht.[194]

In *Nikola Šuhaj loupežník* heißt es:

> In diesem Gebiet der Wälder und der Berge, die so zerklüftet sind, daß sie wie ein im Ofen verkohltes Stück Papier aussehen, leben noch heute solche Geschichten weiter, über die wir längst übermütig lachen dürfen, weil sich bei uns derlei schon vor hundert Jahren nicht mehr ereignen konnte. In dieser Gegend, wo Hügel auf Hügel wächst, wo eine Schlucht in die andere mündet, wo in der verglimmenden Dämme-

---

[190] Vgl. Hanuška 2001: 462.

[191] Vgl. ibid.: 455. Für Informationen zum realen Šuhaj vgl. Holub 1983: insbes. 84–99.

[192] Vgl. ibid.: 195f.

[193] Anm. d. Übers.: Die Reportage ist auf Deutsch u. d. T. *Das Dorf aus dem elften Jahrhundert* im Reportagenband *Berge und Jahrhunderte* ([1952], tschech. Originaltitel: *Hory a staletí*) erschienen, allerdings in überarbeiteter Form – ohne das oben zitierte Eingangsbild.

[194] Orig.: „Kus zmačkaného papíru, který se chystáte vhoditi do kamen. To jest krajina. Tak zvrásněná a členitá: hory na horách a rokle v roklích." In Olbracht 1932: 5.

rung der Urwälder Quellen geboren werden und uralte Ahornbäume sterben, gibt es bis heute noch verhexte Stellen, zu denen weder Hirsch noch Bär, noch Mensch vorgedrungen ist.[195]

Das Bild wird hier poetisch weiterentwickelt und in die Landschaftsbeschreibung zu Beginn des Romans eingebunden.

Von der Kritik wurde *Nikola Šuhaj loupežník* grundsätzlich positiv aufgenommen.[196] Als einen der Vorzüge des Romans hoben die Rezensenten oftmals die gelungene Verknüpfung von Mythos und Realität hervor. Am treffendsten formulierte diesen Gedanken der sonst sehr kritische Schriftsteller und Literaturkritiker Josef Knap: „Indem er [Olbracht] sich mit einem aktuellen Fall aus den Gerichtsakten befasst, erzählt er den Mythos der Gegend."[197] Auch Olbracht selbst sprach davon, dass er in der Karpatenukraine auf eine Geschichte gestoßen sei, die sich „im Zustand einer entstehenden Legende" befinde – „einer entstehenden, das ist das Interessante. Legendäre Elemente, d. h. das Macbeth- und das Samson-Element, mischen sich hier mit der Wirklichkeit."[198]

Was die Kritik an Olbrachts Roman hervorhob, erwies sich jedoch gleichzeitig als dessen Schwachstelle. Die zeitgenössische Rezeption war daher zweigeteilt: Der Roman wurde als eines der besten belletristischen Werke der tschechischen Literatur gelobt, gleichzeitig wurde jedoch eine Kampagne gegen ihn geführt.[199] Bizarr ist hierbei die Tatsache, dass sowohl die Würdigung

---

195 In Olbracht 1989: 9. Orig.: „Neboť v tomto kraji lesů, zvrásněném horami jako kus papíru, který se chystáme hoditi do kamen, žijí posud děje, jakým se bláhově usmíváme jen proto, že se u nás nestávají již po staletí. V tomto kraji kopců na kopcích a roklí v roklích, kde se v tlejícím soumraku pralesů rodí prameny a umírají prastaré javory, jsou posud začarovaná místa, odkud se ještě nikdy nedostal ani jelen, ani medvěd, ani člověk." In Olbracht 2001a: 9.

196 Vgl. Hanuška 2001: 443–472. Hanuška hat einen komplexen Überblick zur zeitgenössischen Rezeption des Romans vorgelegt, in welchem er den Inhalt der wichtigsten dem Roman gewidmeten Artikel zusammenfasst. Kritiker warfen Olbrachts Text durchweg eine unzureichende psychologische Figurenzeichnung vor. Einige der Rezensionen werden im vorliegenden Kapitel zitiert. Diese stammen aus dem Digitalisierten Zeitschriftenarchiv des Instituts für tschechische Literatur der Akademie der Wissenschaften der ČR (Ústav pro českou literaturu AV ČR, v. v. i.), das auf den Webseiten des Instituts unter dem Link http://archiv.ucl.cas.cz/ zugänglich ist.

197 Orig.: „Zaměstnávaje se čerstvým případem ze soudní registratury, vyslovuje mythus kraje." In Knap 1933: 55.

198 Orig.: „[...] ve stavu tvořící se legendy [...] tvořící se, to je to zajímavé. Legendární prvky, tj. prvek macbethovský a samsonovský, se mísí se skutečností." Zit. nach Hanuška 2001: 431f. Der Artikel ist in der Zeitung *České slovo* vom 18. 8. 1932 erschienen.

199 Für das gesamte restliche Kapitel vgl. Holub 1983: insbes. 206–227 und Hanuška 2001: 462–472. Auf diesen Seiten befassen sich die Autoren detailliert mit den Umständen der „Anti-Šuhaj-Kampagne".

als auch die Diffamierung des Textes von offiziellen staatlichen Stellen ausging. Am 28. Oktober 1933 wurde der Roman mit dem tschechoslowakischen Staatspreis für Wortkunst ausgezeichnet. In der Zeitschrift *Rozhledy po literatuře a umění* wurden im darauffolgenden Jahr die Ergebnisse einer in der Jahresschrift *Ročenka Rozhledů* durchgeführten Leserumfrage veröffentlicht. Unter dem Punkt „Von den bisher mit dem Staatspreis ausgezeichneten Werken schätze ich am meisten" gaben 20,5 % der Leser *Nikola Šuhaj loupežník* an. Olbrachts Roman belegte damit in der Umfrage den dritten Platz.[200]

Die Kampagne gegen den Roman begann bereits, als Olbracht noch an diesem arbeitete. Insbesondere in Gendarmeriekreisen wurden Forderungen nach einer strafrechtlichen Verfolgung des Autors oder zumindest nach einer Aussonderung seines Buches aus Gendarmeriebibliotheken laut.[201] Die Hauptargumente der Kritik waren, dass der Roman staatsfeindlich sei, die Arbeit der Gendarmerie verunglimpfe, die Realität verdrehe und einen gemeinen Verbrecher und Mörder als Helden verherrliche. Dem Autor wurde daraufhin vorgeworfen, er demoralisiere die Gesellschaft und verderbe die Jugend. Der Roman wurde sogar aus Gymnasialbibliotheken verbannt und seine mit einem radikalen Vorwort versehene Übersetzung ins Ukrainische wurde konfisziert. Es entstanden etliche Texte, deren Ziel es war, die Geschichte richtigzustellen und den Lesern zu zeigen, wie sich die in Olbrachts Roman geschilderten Begebenheiten „wirklich" zugetragen hatten. Zu diesen sogenannten „Anti-Šuhajs" gehört z. B. der Roman *Sami. Na východě republiky klid* [Allein. Im Osten der Republik nichts Neues],[202] in dessen Titel deutlich auf Remarques Roman *Im Westen nichts Neues* [tschech. u. d. T.: *Na západní frontě klid*] angespielt wird. Die Autoren des Romans, B. Malý und R. Gordon (J. Snížek), wollten auf die keineswegs leichte Situation hinweisen, in der sich die Gendarmeriemitglieder während der ersten Nachkriegsjahre in der Karpatenukraine befanden. Der literarisch schwache Text fand in gesamtgesellschaftlichem Maßstab jedoch keine größere Resonanz und geriet – wie auch andere ähnliche Arbeiten – bald in Vergessenheit.

Olbracht selbst reagierte auf die Debatte um seinen Roman mit dem polemischen Artikel *Loupežník Šuhaj a „rozhořčení" četníci* [Der Räuber Šuhaj und die „entrüsteten" Gendarmen], der kurz nach Erscheinen des Buches in der

---

[200] Vgl. Anketa 1934: 4, Artikel *Anketa o státních cenách*, veröffentlicht in der Zeitschrift *Rozhledy po literatuře a umění*.

[201] Vgl. Holub 1983: 221.

[202] Vgl. Olbracht 1958: 282, Erläuterung zum Begriff *Anti-Šuhaj*.

Zeitschrift *Čin* veröffentlicht wurde.[203] In diesem Artikel verteidigt er sich und weist u. a. auf die Tatsache hin, dass er bei der Schilderung des Handlungsverlaufs nicht grundsätzlich von den Ereignissen abgewichen sei, die in zeitgenössischen Dokumenten aufgezeichnet sind. Stattdessen sei er bei der Schilderung einiger Begebenheiten eher sehr zurückhaltend gewesen und bei Weitem nicht so ins Detail gegangen, wie das zugrunde liegende Material es angeboten habe. Dabei erfasst er auch den absurden Kern des gesamten Disputs:

> Nähern wir uns der Figur Šuhajs mit statischem Blick, insbesondere zu jener Zeit, als die Behörden des neu entstehenden Staates mit ihm zu tun hatten, und betrachten wir ihn bürgerlich, so können wir der Gendarmerie getrost recht geben: Šuhaj war ein Bandit. Literatur ist jedoch etwas anderes als Sicherheitsdienst. Die Augen eines Künstlers betrachten die Welt anders als die Augen der staatlichen Organe, und der Šuhaj aus einer entstehenden Legende ist nicht der Šuhaj des Jahres 1920 und 1921. Mein Buch ist ein Roman, keine historische Monografie, und es versteht sich von selbst, dass sich die Dinge darin nicht so zutragen wie in der Realität und dass die im Buch auftretenden Figuren keine realen Menschen sind. [...] Dennoch wäre *Nikola Šuhaj* auch literarisch ein schlechtes Buch, wenn ich mir übertriebene und unbegründete Sachen ausgedacht hätte oder solche, die sich in dieser Zeit in dieser Gegend nicht hätten abspielen können.[204]

Interessant zum Vergleich ist eine von Thomas Mann im Vortrag *Joseph und seine Brüder* erwähnte Anekdote:

> Ich weiß noch, wie es mich erheiterte und wie sehr ich es als Kompliment empfand, als meine Münchener Abschreiberin, eine einfache Frau, mir das Maschinen-Manuskript des ersten Romans, ‚Die Geschichten Jaakobs', ablieferte mit den Worten: ‚Nun weiß man doch, wie sich das alles in Wirklichkeit zugetragen hat!' Das war rührend; denn es hat sich ja gar nicht zugetragen.[205]

In ihrer politischen Dimension und ihrer gesamtgesellschaftlichen Bedeutung ist die Diskussion um Olbrachts Roman zwar kaum mit Manns humoriger Anekdote vergleichbar. Typologisch weisen die in den Zitaten enthaltenen Mit-

---

203 Vgl. Olbracht 1933: 459–464.

204 Orig.: „Hledíme-li na postavu Šuhajovu staticky, zejména v době, kdy s ním měly co činiti úřady nově se tvořícího státu, a díváme-li se občansky, můžeme dáti četnickým orgánům klidně za pravdu, že Šuhaj byl bandita. Jenže literatura je něco jiného než bezpečnostní služba, oči umělcovy hledívají jinak než oči státních orgánů a Šuhaj z tvořící se legendy není Šuhajem z roku 1920 a 1921. Má kniha je román a ne historická monografie a rozumí se samo sebou, že věci v ní se neudály tak, jako ve skutečnosti, a osoby v knize vystupující že nejsou lidé opravdoví. [...] Ale *Nikola Šuhaj* by byla přes to kniha i literárně špatná, kdybych si byl do ní vymýšlel věci přemrštěné, neodůvodněné nebo takové, které se v té době a v tom kraji státi nemohly." In ibid.: 461f.

205 In GW XI 1990a: 655, Vortrag *Joseph und seine Brüder*.

teilungen jedoch durchaus Parallelen auf: In beiden Fällen wurde vom Publikum die Grenze zwischen dem fiktiven literarischen Raum und der Realität nicht respektiert. Manns Sekretärin verstand die ironische und humorvoll-spielerische Schicht des Erzählens nicht, die gerade dessen Relativierung dient. Sie hielt die im Roman entworfene Fiktion für eine wahrheitsgetreue Beschreibung realer Ereignisse. Diese Realitätsillusion basiert u. a. auf der Fähigkeit von Literatur, dem Leser eine Identifikation mit den Geschichten und Figuren wie auch einen glaubhaften Grad an Detailliertheit zu vermitteln. Die dem Leser zeitlich sehr ferne Josephsgeschichte wird von Mann in einen Kontext typologisch ähnlicher mythischer Erzählungen eingebettet und erlaubt ihren Figuren zugleich, sich in einem gewissen Maße zu emanzipieren und aus ihrer Rolle zu befreien.

Olbrachts Roman hingegen wurde an der gelebten Realität, an Erinnerungen von Zeitzeugen oder beruflich voreingenommenen Personen und an einem bestimmten stereotypen Bild von der Karpatenukraine gemessen. Die reale Begebenheit war noch zu „frisch" und zeitlich zu naheliegend, als dass das Publikum ihre Verarbeitung zu einem literarischen Werk, zu einer künstlerischen Fiktion, problemlos hätte annehmen können. Olbracht ging beim Schreiben des Romans de facto umgekehrt vor wie Thomas Mann: Durch sein Erzählen rückte er einen zeitnahen Stoff in die Vergangenheit und löste die konkrete historische Begebenheit aus ihren rein zeitgeschichtlichen Bezügen heraus. In der erzählten Geschichte beließ er nur diejenigen konstitutiven Elemente, die deren Einordnung auf der historischen Zeitachse ermöglichen, gleichzeitig aber dazu beitragen, dass sie in eine Tradition ähnlicher legendenhafter oder mythischer Erzählungen integriert werden kann. Dabei zeigt er u. a. auf, wie ein Mythos entsteht und wie es zur Typisierung einer Geschichte kommt, d. h., wie eine konkrete historische Begebenheit zum Bestandteil, zur Variation eines Mythos wird.

Aus rezeptiver Sicht ist durchaus nachvollziehbar, dass es in Verbindung mit Olbrachts Roman zu einem Missverständnis von solchem Ausmaß und solchen Folgen kam. Die Karpatenukraine war an sich schon ein heikles und hochpolitisches Thema. Zur Politisierung der Debatte um *Nikola Šuhaj loupežník* trugen auch die Reportagen bei, die Olbracht vor 1933 herausgab und in denen er mehrfach die offizielle politische Strategie des tschechoslowakischen Staats gegenüber den Einwohnern der Karpatenukraine kritisierte. Für den Leser konnte es daher problematisch sein, den Schriftsteller Olbracht konsequent von dem Journalisten und Reporter Olbracht zu unterscheiden.

5.1 Erzähler und Erzählstrategie

Über den Roman *Nikola Šuhaj loupežník* kann, mit Blick auf seine Erzählstrategie, nicht behauptet werden, dass Olbracht sich prinzipiell von Manns Vorgehen in *Joseph und seine Brüder* hätte beeinflussen lassen. Olbracht war bereits ein reifer Autor und neigte nicht dazu, die Vorgehensweisen eines anderen Schriftstellers blindlings zu übernehmen. Die zutiefst mit dem karpatoukrainischen Milieu verbundene Šuhaj-Geschichte war zudem im tschechischen kulturpolitischen Diskurs der 1930er Jahre ein derart spezifisches Thema, dass sie keinen anderen als einen individuellen Zugang verdiente. Dennoch kann von einem möglichen direkten Einfluss Manns auf Olbrachts fiktionalen Text gesprochen werden. Die Rede ist von den sogenannten Schönen Gesprächen.[206]

Das deutlichste Pendant zu Manns „Schönen Gesprächen" findet sich an einer exponierten Stelle des Romans, und zwar im ersten Kapitel *Koliba nad Holatýnem* (*Die Hütte am Holatýn*). Die Ortsbezeichnung in der Kapitelüberschrift ist hier – anders als im zweiten, *Koločava* (*Kolotschawa*) genannten, Kapitel – nicht direkt mit dem Šuhaj-Mythos verknüpft. Vielmehr wird auf den Raum verwiesen, in welchem der Erzähler von Hirten eine der vielen Versionen der Geschichte vom Räuber Šuhaj hört. Zum ersten und letzten Mal im Laufe des Romans ist der Erzähler hier selbst Teil der fiktiven Welt: „Und während er [der Hirte] Täublinge auf Weidenzwiege spießte und sie über dem Feuer briet, erzählte er mir jene verhängnisvolle Begebenheit, die das Leben des Räubers Nikola Schuhaj[207] bestimmte [...]."[208] Er erlebt aus nächster Nähe mit, wie die Geschichte mit ihrem mythischen Potenzial in einer geschlossenen menschlichen Gemeinschaft aktualisiert wird. An einem Juniabend sitzt er mit

206 Das Prinzip der „Schönen Gespräche" im Rahmen von Thomas Manns Konzeption wird auf S. 25ff. dieses Buchs erläutert.

207 Anm. d. Übers.: Die deutschen Zitate aus *Nikola Šuhaj loupežník* wurden der vorliegenden deutschen Übersetzung des Romans von Erhard Bittner (*Der Räuber Nikola Schuhaj.* Berlin 1953, Neuauflage: Reinbek bei Hamburg 1989) entnommen. Die Schreibung der Personennamen weicht in dieser Übersetzung vom tschechischen Original ab: *Schuhaj* (für orig. *Šuhaj*), *Erika* (für orig. *Eržika*), *Juraj* (für orig. *Jura*), *Dovbusch* (für orig. *Dovbuš*). Gleiches gilt für den Ortsnamen *Kolotschawa* (für orig. *Koločava*). Im vorliegenden Kapitel wird – mit Ausnahme der Zitate aus *Der Räuber Nikola Schuhaj* – die originale Orthografie beibehalten (also *Šuhaj, Eržika, Jura, Dovbuš, Koločava*).

208 In Olbracht 1989: 11. Orig.: „A zatímco si nad ohněm opékal houbu holubinku, nabodnutou na jívové větvičce, vypravoval mi onu osudnou událost, která určila život Nikoly Šuhaje loupežníka." In Olbracht 2001a: 10.

den Hirten bei jener Hütte am Holatýn um ein Feuer und lauscht ihren Erzählungen:

> Der Hirt vom Holatýn begann im Kreis der anderen Viehhirten die Geschichte von Schuhaj, dem Räuber, zu erzählen. Wir saßen dabei um das Feuer, das hoch zum Abendhimmel loderte. Er konnte die Geschichte aber nicht zu Ende bringen, da es anfing zu regnen [...] Der Hirt erzählte sie auf dem Heu der dunklen Hütte zu Ende. Die anderen rauchten ihre Pfeifen mit den spitzen Messingdeckeln aus und legten sich dann zur Ruhe. Auf das Dach trommelte der Regen und hinter den Holzverschlägen, wo das Vieh schlief, ertönte bald aus dieser, bald aus jener Ecke ein schwacher Glockenton: [...] Dieses sonderbare Klingen gab der Nacht die Farbe, denn es erweckte die Vorstellung, als schliche dort im Dunkel jemand von einem Winkel in den andern, lausche insgeheim und nicke leise seine Zustimmung.[209]

Der einführende Teil der Šuhaj-Geschichte kann als Inhalt eines solchen „Schönen Gesprächs" interpretiert werden. Vom Prinzip her handelt es sich dabei um eine Art Metaerzählung, wobei eine Erzählung über einen Helden aus jüngster Vergangenheit in eine Rahmenerzählung eingebettet ist.

Der Erzähler setzt sich dabei gleich im Incipit zum bloßen Aufzeichner, zum „Schreiber" des Erzählten herab.[210] Er berichtet, dass er die Möglichkeit hatte, an diesen Gesprächen teilzuhaben, wenn auch nur in einer passiven Rolle. Die Šuhaj-Geschichte wird zum Gegenstand mündlicher Tradierung und zu einer der vielen Räuber- und Banditengeschichten. Damit erreicht der Erzähler zweierlei: Erstens gelingt es ihm, die Erzählung hinsichtlich der zeitlichen Wahrnehmung in eine scheinbar fernere Vergangenheit zu rücken, in eine Zeit, als die Hirten noch am Feuer saßen und sich gegenseitig versicherten, dass die jeweilige Geschichte in gleicher Weise in ihrem kollektiven Gedächtnis gespeichert ist. Zu dieser Wirkung trägt u. a. auch der Umstand bei, dass sowohl der Erzähler als auch der implizite Leser nicht aus der Region stammen,

---

[209] In Olbracht 1989.: 11. Orig.: „Holatýnský pastevec začal vypravovati příběh Nikoly Šuhaje v kruhu pastýřů skotu při ohni, který vysoko plápolal k večerní obloze. Ale nedokončil, neboť se spustil déšť [...]. Dokončil na seně ve tmě koliby. Pastevci dokouřivše své dýmky s hrotitými mosaznými víčky, ve spánku oddechovali, do střechy bubnoval déšť a za dřevěnou přepážkou, kde spal dobytek, se brzy z toho, brzy z onoho kouta ozývalo slabounké zacinknutí. [...] A tento zvuk, tak podivný, dával barvu celé noci, poněvadž vzbuzoval zdání, že se tam někdo plíží z kouta do kouta, tajně poslouchá a tiše přitakává." In Olbracht 2001a: 11

[210] Orig.: „Když pisatel tohoto vypravování [...]" In ibid.: 9. Wörtlich: „Wenn der Schreiber dieser Erzählung [...]". In der deutschen Übersetzung des Romans, *Der Räuber Nikola Schuhaj* (Olbracht 1989), wird „pisatel" an dieser Stelle mit „Verfasser" wiedergegeben: „Der Verfasser dieser Erzählung [...]" In Olbracht 1989: 9 (Anm. d. Übers.).

in der sich die Geschichte zugetragen hat.[211] Die explizite Anwesenheit der Erzählinstanz äußert sich – neben der Tatsache, dass sich der Erzähler gleich im zweiten Absatz des Romans zu seiner Fremdheit in der Region bekennt – zum einen in Passagen, die dies erzähltechnisch erfordern, wie z. B. bei der Einleitung direkter Rede oder der Beschreibung von Gestikulation und äußerem Erscheinungsbild der Figuren. Zum anderen enthält der Roman Passagen, in denen der Erzähler dem Leser Realien bezüglich der Karpatenukraine vermittelt: „Hier [...] leben ruthenische Hirten und Holzfäller, jüdische Handwerker und Händler, arme Juden und wohlhabende Juden, arme Ruthenen und noch ärmere Ruthenen."[212]

Die zweite Wirkung, die der Erzähler mit seiner Stilisierung zum bloßen Aufzeichner des Erzählten und zum Teilnehmer an einem der Schönen Gespräche erzielt, ist der Ausdruck seiner Sympathie für die Darbietungsform der geschilderten Begebenheiten, auf die er weder negativ wertend noch in ironischer Weise Bezug nimmt, sondern nur mitunter – vor allem in Verbindung mit dem jüdischen Element – mit einer gewissen humorvollen Übertreibung. „Dabei wird", mit den Worten Miloš Pohorskýs, „über Wunder in einem ernsthaften Ton und wie über etwas Selbstverständliches gesprochen. Würde der Erzähler sie bagatellisieren, so würde sich die Atmosphäre des Mythos unwiederbringlich auflösen."[213] Anders als der Erzähler in Manns Tetralogie enthält sich Olbrachts Erzähler jeglicher Relativierung des Mythos. Er hält keinen Abstand zu ihm, sondern zeigt stattdessen seine Sympathie für die karpatoukrainische Landschaft, deren einfache Bewohner und ihre Interpretation von Šuhajs Schicksal. Er akzeptiert die in der fiktiven Welt des Mythos herrschende Logik und bringt seinen Willen zum Ausdruck, diesen Raum zu verstehen, in die mythische Vergangenheit zurückzukehren und die Existenz von magischen Artefakten, Zauberinnen, Fabelwesen und Zauberformeln zuzulassen. Er respektiert sämtliche Eigenarten der Geschichte, weil er auf die Autorschaft an dieser verzichtet. Damit ist er an der Legitimierung einer neuen Geschichte beteiligt, die die Voraussetzungen dafür hat, zu einem Bestandteil der Volksmythologie zu werden. Das Erzählen changiert unablässig an der Grenze zwi-

---

211 Vgl. Kap. 5.2 *Zeit und Raum*, S. 73.

212 In: Olbracht 1989: 24. Orig.: „Zde žijí rusínští pastevci a dřevorubci, židovští řemeslníci a obchodníci. Chudí Židé a zámožnější Židé, chudí Rusíni a ještě chudší Rusíni." In Olbracht 2001a: 20. Weiterhin z. B. Olbracht 1989: 33, wo das Wort „Heustadel" erläutert wird (Orig.: „oboroh", Olbracht 2001a: 28).

213 Orig.: „Přitom se o zázračnostech mluví ve vážném tónu a jako o jevech samozřejmých. Kdyby je totiž vypravěč zlehčoval, atmosféra mýtu by se začala nenávratně rozpouštět." In Pohorský 1974: 267.

schen der Schilderung der Begebenheiten, wie sie sich zugetragen haben, und dem, was man sich über ihren Hergang erzählt. Der Roman *Nikola Šuhaj loupežník* ist weder Schilderung eines Deserteursschicksals aus dem Ersten Weltkrieg noch bloßes Märchen über einen unverwundbaren Helden, sondern etwas dazwischen, etwas, das auf eine Kanonisierung als Mythos zustrebt.

In Olbrachts Roman wirken zwei grundlegende Kräfte gegeneinander. Aus der Perspektive der Gendarmen und Juden wäre Šuhajs Leben nur schlecht als Schicksal eines mythischen Helden, etwa vom Typ eines Achilles, interpretierbar. Die Präsenz der Gendarmen im Roman erfüllt teilweise die kritische Funktion des Erzählers aus Manns Josephstetralogie, denn die Welt der Gendarmen ist eine pragmatische Welt, die den kausalen Gesetzen der geltenden Rechtsordnung unterliegt. Wenngleich den Gendarmen der notwendige zeitliche Abstand von der Geschichte, die sie selbst unmittelbar miterleben, wie auch die raffinierten analytischen Fähigkeiten und der Gesamtüberblick von Manns Erzähler fehlen, lassen sie die Waagschale unablässig auf die Seite des rationalen Denkens kippen. Die spezifische Logik der mythischen Welt entzieht sich ihrem Verständnis. Gerade die Präsenz der Gendarmen lässt das Erzählen ständig an der Grenze zwischen einem Kriminalfall und einer legendären Heldengeschichte changieren. Ebenso unmöglich wäre es, die Geschichte aus der Perspektive des Volkes – der ruthenischen Einwohner Koločavas wie auch entfernterer Orte in der Karpatenukraine – als Leben eines gewöhnlichen Kriegsdeserteurs, Diebs und Mörders zu deuten. Hier gilt die direkte Proportionalität: je größer die Entfernung von Koločava, desto besser für den Mythos, und die indirekte Proportionalität: je kleiner die persönliche Verwicklung in die Geschichte, desto besser für den Mythos.

Dem entspricht weitgehend auch der erzählstrategische Aufbau des Textes. In den meisten Kapiteln tritt der Erzähler deutlich in den Hintergrund und lässt die Geschichte selbst sprechen, die in dem ihr eigenen epischen Tempo bis zu dem erwarteten tragischen Ende fließt. Wie ein Mosaik setzt sich das Erzählen aus verschiedenen Perspektiven zusammen: der Perspektive der Gendarmen, der Juden, der übrigen Bewohner Koločavas, Eržikas, der Freunde Šuhajs, seines jüngeren Bruders Jura, des Doktors etc. Es wird deutlich, wer für den Helden des Romans Sympathie empfindet, wer ihn fürchtet, wer ihn gern so schnell als möglich los wäre. Das wichtigste in Olbrachts Roman verwendete narrative Mittel ist die erlebte Rede [polopřímá řeč/ represented discourse], die durch eine Neutralisierung bestimmter distinktiver grammatischer Merkmale von Erzähler- und Figurenrede (z. B. die universale Verwendung der dritten Person) gekennzeichnet ist. Semantisch bildet sie damit ein Übergangsphänomen zwischen Erzähler- und Figurenrede. Sie verwischt die scharfe Grenze zwischen beiden Redemodi, wodurch die Kontinuität des Erzählflusses gestärkt wird. In Passagen, in denen die Stimme des Erzählers nahtlos in erlebte Rede übergeht, handelt es sich - nach Lubomír Doležel - um gemischte Rede [smíšená řeč/ diffused represented discourse]. Diese Erzählstrategie lässt in ihrer Wirkung die Grenze zwischen der Objektivität auf Seiten des Erzählers und der durch Figurenrede vermittelten Subjektivität der einzelnen Figuren verschwimmen. Es entsteht der Eindruck, die epische Erzählung erzähle sich selbst. Zudem wird dem Leser die Möglichkeit gegeben, den Gegenstand des Erzählens abwechselnd aus verschiedenen Perspektiven zu betrachten.[214] In vielen Passagen lässt sich daher nur schwer eine genaue Grenze bestimmen zwischen dem, was noch die Figuren sagen, und dem, was bereits der Erzähler mitteilt.

Am deutlichsten tritt der Erzähler im ersten wie auch im letzten, lakonisch mit *Závěr* (*Schluß*) überschriebenen, Kapitel hervor. In diesem resümiert er die Bedeutung des vorangegangenen Erzählens und führt verschiedene Umstände des Falles Šuhaj und der Ereignisse nach dessen Tod an:

> Dem Schreiber dieser Erzählung wird man jetzt, nach elf Jahren, nicht glauben, daß er die historischen Bruchstücke zusammengesucht hat, die von der Affäre des großen Räubers der Poloniner Karpaten übriggeblieben sind. Und es dürfte auch nicht besonders interessant sein, noch zu erfahren, daß sich Erika aufs neue, und zwar mit einem Hirten namens Ilka [sic!] Derbak Ditschkov, verheiratet hat [...] und daß sie nach Schuhajs Tod im Gefängnis zu Chust eine Tochter, Antscha, geboren und im Protokoll, um ihr Schicksal zu erleichtern, angegeben hat, daß es das Kind des Gendarmen Svozil sei.[215]

Der Erzähler räumt zwar implizit die Existenz dieser Fakten ein, im selben Atemzug fügt er jedoch hinzu, dass diese für die Geschichte nicht von Belang sind: „Der Schreiber der Geschichte von Nikola Schuhaj, dem Räuber, hält alle

---

214 Vgl. Doležel 1993: insbes. 20–38. Auf diesen Seiten führt Lubomír Doležel u. a. anhand von Zitaten aus Olbrachts *Nikola Šuhaj loupežník* typische Züge moderner narrativer Texte an, zu denen auch die Verwendung der erlebten Rede [polopřímá řeč] und der gemischten Rede [smíšená řeč] gehört. (Vgl. dazu auch die englische Originalausgabe des Buches, Doležel 1973: 15–55, die die englischen Originaltermini *represented discourse* (erlebte Rede) und *diffused represented discourse* (gemischte Rede) enthält.)

215 In Olbracht 1989: 242. Orig.: „Pisateli tohoto vypravování se věru nechce, teď, po jedenácti letech, shledávat a ověřovat historické drobty, které zbyly po velkém loupežníkovi Poloninských Karpat. A není ani zvláště zajímavé, že se Eržika znova provdala za gazdu Ilka Derbaka Dyčka [...], ani to, že se jí po smrti Šuhajově narodila v chustském vězení dcerka Anča, o které, chtíc ulehčiti svému osudu, udala do protokolu, že jest dítětem závodčího Svozila [...]." In Olbracht 2001a: 196–197.

diese Tatsachen für wenig bedeutungsvoll."[216] Niemand kann bestreiten, dass sie geschehen sind, doch sie gehören nicht zur mythischen Geschichte von Šuhaj, dem Räuber. In Manns Tetralogie lässt sich ein genau entgegengesetztes Vorgehen beobachten: Dort ist der Erzähler bestrebt, in die bereits geformte alttestamentarische Geschichte möglichst viele „vergessene" Details einzubringen, die zur Vermenschlichung der kanonisierten Erzählung dienen. Sie sollen dazu beitragen, die mythische Geschichte, deren Inhalt in der Bibel in wenigen Absätzen zusammengefasst ist, besser zu verstehen und auch als gewöhnliches menschliches Leben zu akzeptieren. Mann wählte den Weg einer Psychologisierung des bestehenden Mythos. In *Nikola Šuhaj loupežník* hingegen wird eine Geschichte aus der jüngsten Vergangenheit erzählt, die noch immer mit vielen verschiedenen Details aus der realen Geschichte verknüpft ist und für die es daher erforderlich ist, die einzelnen mythenbildenden Elemente zu abstrahieren, die Geschichte zu typisieren und zu schematisieren. Ebendiesem Zweck entspricht Olbrachts Erzählstrategie.

5.2 Zeit und Raum

Raum- und Zeitkonzept in *Nikola Šuhaj loupežník* sind eng miteinander verknüpft. Die Zeitwahrnehmung ist zu einem Großteil von der Art der Raumgliederung abhängig. Bereits im ersten Kapitel nimmt der Erzähler eine horizontale Teilung des Raums vor: „In diesem Gebiet der Wälder [...] leben noch heute solche Geschichten weiter, über die wir längst übermütig lachen dürfen, weil sich bei uns derlei schon vor hundert Jahren nicht mehr ereignen konnte."[217] Auf dieser horizontalen Achse definiert er zudem für sich selbst wie auch für den Leser die Rolle des Fremden, von außerhalb Stammenden. Seine Fähigkeit, die Geschichte Šuhajs zu erzählen, beruht auf der Bereitschaft, sich in die karpatoukrainische Landschaft einzufühlen, die Andersartigkeit dieser Landschaft zu respektieren, die in deren Wildheit, Primitivität und Rückständigkeit besteht: „Die Menschen sind Hirten und Holzfäller, denn man ist hier noch nicht in die Epoche der Bodenkultur eingetreten und der Pflug ist hier noch nicht erfunden."[218]

---

[216] In Olbracht 1989: 244. Orig.: „Pisatel vypravování o Nikolovi Šuhajovi loupežníku pokládá všechny tyto skutečnosti za málo významné." In Olbracht 2001a: 198.

[217] In Olbracht 1989: 9. Orig.: „Neboť v tomto kraji lesů [...] žijí posud děje, jakým se bláhově usmíváme jen proto, že se u nás nestávají již po staletí." In Olbracht 2001a: 9.

[218] In Olbracht 1989: 246. Orig.: „Jsou pastevci a dřevorubci, neboť nedospěli posud do stadia zemědělského a pluh nebyl v těchto krajích ještě vynalezen." In Olbracht 2001a: 200.

Die Karpatenukraine ist ein Raum, in dem eine eigene Logik, eine eigene Zeit und Ordnung herrschen. Obgleich man hier dasselbe Jahr schreibt wie andernorts, verliert sich in diesem Raum das Bewusstsein über die historische Zeit. Gerade deshalb konnten sich hier Mythen, Legenden, Märchen- und Räubergeschichten wie die des ruthenischen Volkshelden Oleksa Dovbuš zutragen:

> Oleksa Dovbusch hat nicht in der Mitte des achtzehnten Jahrhunderts [...] gelebt [...]; und er hat auch nicht [...] sieben Jahre lang in dem Land geräubert, das von Deserteuren aus dem Heer von Rákóczi [...] wimmelte, [...] Und es ist auch nicht wahr, daß er im Dorf Kosmatsch von Stefan Dzvinka erschossen wurde, als er die Mitgift für einen seiner Gefährten mit Gewalt eintreiben wollte. Und das Jahr 1745 ist eine willkürliche, von den Herren angenommene Ziffer. [Oleksa Dovbusch hat in keiner Zeit gelebt.][219] Oleksa Dovbusch hat vor tausend Jahren gelebt, vor hundert Jahren, er lebt heute noch und wird immer leben. Denn Oleksa Dovbusch ist kein Mensch - Oleksa Dovbusch ist das Volk. Oleksa Dovbusch ist die aufflammende Rache und die wilde Sehnsucht nach Gerechtigkeit.[220]

Die negiert formulierten Sätze dieser Passage enthalten eine doppelte Botschaft: Der reale Dovbuš lebte in einer konkreten historischen Zeit und der Leser erfährt quasi nebenher Biografisches über ihn. Gleichzeitig wird jedoch deutlich, dass noch ein anderer Dovbuš existiert, ein mythischer Held, der sich von der realen Figur emanzipiert hat und dessen Schicksal dem Raum und der Zeit des Mythos, dessen Regeln und Gesetzmäßigkeiten, unterliegt. Gegenstand dieser Teilerzählung ist die Geschichte des mythischen Oleksa Dovbuš, dessen Leben bereits einen Prozess der Abstraktion und Typisierung durchlaufen hat. Dovbuš hat seinen Körper verloren und ist zu einer Legende geworden, zu einem Wort, das vom Volk in Form „Schöner Gespräche" tradiert wird: „Wie war das also mit Oleksa Dovbusch? Das war so: [...]."[221] Dovbušs Verwandlung in eine Legende, einen Mythos, einen Volkshelden ist bereits abgeschlossen.

---

219 Anm. d. Übers.: Der in eckigen Klammern ergänzte Satz fehlt in der vorliegenden deutschen Übersetzung des Romans (Olbracht 1989).

220 Ibid.: 99f. Orig.: „Oleksa Dovbuš nežil v polovici osmnáctého století [...], neloupežničil sedm let v kraji hemžícím se zběhy z vojsk Rákócziho [...]. A dokonce není pravda, že byl zastřelen ve vsi Kosmačích Štěpánem Dzvinkou, když na něm přišel pro svého druha násilím vymáhati věno. A rok 1745 jest pustá panská číslice. Oleksa Dovbuš nežil v žádném čase. Žil před tisíciletími, žil před staletími, žije dnes, bude žíti zítra. Neboť Oleksa Dovbuš není člověk. Oleksa jest národ. Oleksa Dovbuš je šlehnutí pomsty a divoká touha po spravedlnosti." In Olbracht 2001a: 80.

221 In Olbracht 1989: 100. Orig.: „Jak to tedy bylo s Oleksou Dovbuščukem? Takhle to bylo: [...]." In Olbracht 2001a: 80.

Das zentrale Thema in Olbrachts Roman ist die – ähnlich verlaufende – Verwandlung Nikola Šuhajs:[222]

> Seine Taten und sein Schießzauber verwandeln sich in Lieder; die Erzählungen von seinem grünen Zweiglein und seinen Schätzen – die, wenn sie entdeckt würden, die Welt blendeten – setzen an Winterabenden, wenn es draußen schneit und wenn im Backofen die Buchenscheite knistern, die Zuhörer in Erstaunen. Nikola Schuhaj hat sich in ein Märchen verwandelt, in ein Märchen vom Kampf um die Freiheit, denn er war ein Freund der Unterdrückten und ein Feind der Herren; lebte er noch, dann gäbe es nicht so viel Elend und Not auf der Welt. [...]
>
> [...] Nikola lebt noch immer. Er lebt in diesen Bergen und lebt mit ihnen weiter. Wir wollen nicht sagen, er wird ‚ewig' leben, wenngleich wir unter diesem Wort heute viel weniger als unsere Urgroßeltern verstehen, wir geben uns zufrieden mit dem Wort: lange.[223]

Der Prozess der Mythisierung von Šuhajs Leben ist gleichzeitig eine Aktualisierung des Dovbuš-Mythos. Šuhaj wird zu einem neuen Oleksa Dovbuš und das Volk setzt in ihn ähnliche Hoffnungen. Auch Šuhaj verlässt die von der historischen Zeit und der historischen Vergangenheit gesetzten Grenzen. Im Geiste des Mythos verschwimmen hier Gegenwart und Vergangenheit und auch der parallele Blick in die Zukunft fehlt nicht. Treffend formuliert hat diesen Gedanken Miloš Pohorský:

> In Olbrachts Roman verbinden sich Sterblichkeit und Unvollkommenheit (– weder der Trank noch das grüne Wunderzweiglein konnten Šuhaj vor den Axthieben schützen! –) mit Unsterblichkeit. Vergessen mit ewigem Erinnern. Die Vergangenheit ist in wiederkehrenden Echos hörbar. In den Roman strömt eine „Energie", die die größte zeitliche Entfernung zu überbrücken vermag und die in die Zukunft gerichtet ist. Und diese Energie, die Vergangenheit, Gegenwart und Zukunft verbindet – d. h. die Vergangenheit, in der die geschilderten Ereignisse sich zutrugen und in die das kollektive Gedächtnis reicht, das diese mit seiner Erfahrung bereichert, d. h. die Gegenwart des Erzählens und die Zukunft, an die die Geschichte denkt, – diese Energie wohnt der dem Mythos eigenen Zeit inne.[224]

---

[222] Vgl. Kap. 5.3 *Šuhaj – der Prozess der Herausbildung einer mythischen Identität*, S. 79ff.

[223] In Olbracht 1989: 248f. Orig.: „Jeho činy a střelecké kouzlo se proměnily v slova písně, jeho zelená ratolístka a poklady, které kdyby se odkryly, oslnily by svět, v úžas zimních večerů, kdy venku sněží a v peci plápolají buková polena. Nikola Šuhaj se proměnil v pohádku. V pohádku o boji o svobodu. Neboť byl přítelem utlačených a nepřítelem pánů, a kdyby žil, nebylo by na světě tolik bídy. [...]
Nikola Šuhaj žije. Žije v těchto horách a s nimi. Bude žít. Neříkejme *věčně*, neboť tomuto slovu rozumíme dnes ještě méně, než mu rozuměli naši náboženští pradědové, a spokojme se s prostým slovem dlouho." In Olbracht 2001a: 202f.

[224] Orig.: „V románě se smrtelnost a nedokonalost (ani nápoj, ani zázračná zelená ratolístka nechránily Šuhaje před ranami sekyrou!) spojuje s nesmrtelností. Zapomnění s věčnou

Im Mythos schneiden sich alle drei Zeitebenen in einem einzigen Moment der Ewigkeit. Dieser Begriff wird von Olbrachts Erzähler jedoch gemieden. Der Erzähler ist skeptisch, ob ein in der modernen Zivilisation aufgewachsener Mensch überhaupt noch fähig ist, die mythische Zeitlosigkeit zu verstehen und aus dieser Lösungsmuster für Situationen zu beziehen, die bloße Variation der grundlegenden Schemata sind, denen das menschliche Leben unterliegt. Diese Skepsis unterscheidet sich von dem Bestreben Thomas Manns, in seiner Josephstetralogie den Mythos von Grund auf zu rehabilitieren und auch in der komplizierten Welt der modernen Gesellschaft einen angemessenen Platz für ihn zu finden.

Die Karpatenukraine ist jedoch ein Raum, in dem der Mythos noch lebendig ist. Wichtigster Träger des Mythos ist das ruthenische Volk. Nur dieses vermag noch mit dem Mythos zu leben, seine Sehnsüchte auf ihn zu projizieren und mit seiner Hilfe den Mangel an eigenem Mut zu kompensieren. All jene Straßenräuber, Rebellen und schwarzen Kerle „sind Kinder, geboren aus den Träumen derer, die niemals in der Geschichte einen Aufruhr gewagt haben".[225] Der Erzähler wie auch der implizite Leser sind zusammen mit den Gendarmen bloße Besucher in dieser Gegend. Verbindet die beiden ersten Instanzen der Wille, die Gesetzmäßigkeiten dieses Landstrichs zu verstehen, so sind die tschechischen Gendarmen ein fremdartiges, anachronistisches Element par excellence. Als solches dringen sie aus amtlichem Willen in den mythischen Raum ein, „wo Hügel auf Hügel wächst, wo eine Schlucht in die andere mündet",[226] verwirrt laufen sie von Ort zu Ort und geraten an den Rand des Wahnsinns:

> Der Hauptmann war krank. Er wußte, daß er sich eigentlich in ärztliche Behandlung hätte begeben müssen. Er fühlte, daß er mit seinen Nerven völlig heruntergekommen war und daß ihn auch schon die Entschlußkraft verließ. Es ging ihm übrigens nicht allein so; er merkte das gleiche auch schon bei der Mannschaft: wenn sie in

památkou. Minulost je slyšitelná v ozvěnách, jež se vracejí. Prostě do románu vstupuje „energie", jež dokáže překlenout sebevětší časové vzdálenosti a míří k budoucnosti. A ta energie, slučující dohromady minulost, přítomnost i budoucnost, – to jest minulost, kdy se přihodily líčené události a kam sahá paměť kolektivní, jež k nim přidává svou zkušenost, to jest přítomnost vyprávění a budoucnost, na kterou příběh myslí, – ta energie patří právě času, jakým disponuje mýtus." In Pohorský 1974: 271.

225 In Olbracht 1989: 98. Orig.: „Jsou dětmi jejich snů. Jich, kteří se nikdy v dějinách neodvážili vzpoury [...]." In Olbracht 2001a: 79.

226 In Olbracht 1989: 9. Orig.: „V tomto kraji kopců na kopcích a roklí v roklích, [...]". In Olbracht 2001a: 9.

diesen verdammten Bergen noch ein halbes Jahr Jagd auf Schuhaj machten, würden sie alle verrückt werden oder sich totsaufen; möglich auch, beides zusammen.[227]

Das zeitliche und räumliche Sich-Verfehlen der Gendarmen und der karpatoukrainischen Einwohner hat Olbracht treffend in seinen Reportagen beschrieben: „Die tschechischen Gendarmen verfolgen eifrig den heidnischen Gott, ohne sich zu vergegenwärtigen, daß die Gesetze, gegen die Božko verstößt, in einem gänzlich anderen Lande und in einem völlig anderen Jahrhundert gemacht worden sind."[228] Den Gendarmen behilflich sind - aus eigennützigen Gründen - nur die wohlhabenderen Juden, die sehr gut verstehen, was in der Gegend vor sich geht. Die Juden befinden sich auf der horizontalen Achse, die den Raum in „hier in der Karpatenukraine" und „dort" trennt, irgendwo in der Mitte. Sie gehören nicht zur autochthonen Bevölkerung, sondern leben hier im „Golet"[229], im Exil der Diaspora, ihre eigene kulturell-religiöse Tradition bietet ihnen jedoch ausreichend wirksame Mittel, um sich in dem Geschehen um Šuhaj orientieren und diese Mittel zu ihren Gunsten anwenden zu können.

Der chassidische Weise [...] sprach [...] langsam, würdevoll und prophetisch: „Habt ihr den Schuhaj schon? Ist der Schuhaj 'ne Laus oder 'n Floh?"

[...] Welche Klugheit! Der Greis hatte recht wie immer, und wahrlich: nichts beleuchtete das Problem so scharf wie dies Gleichnis, das sie vollkommen verstanden. [...] Am Sabbat ist es nicht gestattet, eine Laus zu knacken, denn sie flieht ja nicht bis morgen; aber einen Floh darf man töten, weil er nicht bis Sonntag warten würde. [...] Nein, sich im Fall Schuhaj an die Schrift zu halten ist unmöglich; denn Nikola war keine Laus.[230]

---

[227] In Olbracht 1989: 173. Orig.: „Kapitán je nemocen. Ví, že by se měl léčit. Cítí, že jsou jeho nervy nadobro ztrhány a že ho opouští už i jasné usuzování. Není ostatně sám, pozoruje to i na mužstvu, a budou-li v těchto třikrát prokletých kopcích honit Šuhaje ještě půl roku, všichni se zblázní nebo upijí. Možná obojí dohromady." In Olbracht 2001a: 140f.

[228] In Olbracht 1952: 24. Orig.: „Čeští četníci pohanského Boha velmi pronásledují, neuvědomujíce si, že zákony, proti kterým se Božko prohřešuje, byly dělány v zcela jiné zemi a v zcela jiném století než žije on." In Olbracht 1932: 18, Reportage *Vesnice XI. století.*

[229] Von hebr. *galut* – „Exil" (Anm. d. Übers.)

[230] In Olbracht 1989: 204f. Orig.: „Chasidský mudřec [...] pronesl pomalu, důstojně a prorocky:
‚Máte Šuhaje? Je Šuhaj veš *či* blecha?' [...]
Jaká to moudrost! Stařec má pravdu, jako vždy, a věru, nic neosvětluje problémy tak jako podobenství, jemuž dokonale rozuměli. [...] Zabít o šábesu veš dovoleno není, ta do zítřka neuteče, ale zabít blechu lze, protože ta by do neděle nečekala. [...] Ne, Nikola není veš, pro kterou možno kdykoli sáhnout, u Šuhaje není možno opírat se o písmo Zákona." In Olbracht 2001a: 166.

Die Welt der jüdischen Religionsgemeinde wird als ein autonomer Raum chassidischer Weisheit dargestellt.

Die Einwohner Koločavas vermögen sich gegenseitig zu tolerieren, „aber man hüte sich, einen Gedanken zwischen sie zu werfen! Sofort erscheinen zwei Gehirne und zwei verschiedene Nervensysteme und zwei Gottheiten schleudern ihre Blitze gegeneinander!"[231] Die Geschichte vom Räuber Nikola Šuhaj wird in Olbrachts Roman jedoch als Bestandteil der ruthenischen Kulturtradition dargestellt, und aus ebendiesem Grunde nehmen die Juden hier eine eher marginale Stellung ein. Mit der Mentalität der in der Karpatenukraine lebenden chassidischen Juden hat sich Olbracht erst in seinem Erzählband *Golet v údolí* (dt. u. d. T.: *Die traurigen Augen*) näher befasst. Interessant ist in diesem Zusammenhang ein Artikel Marie Mravcovás,[232] die die mythische Schicht des Textes auf den Bereich der Naturreligion und auf die Denkweise der ruthenischen Bevölkerung beschränkt. Für Mravcová befinden sich daher die Juden wie z. B. auch die oben erwähnten Gendarmen außerhalb des mythischen Raums. Dieser Gedanke muss jedoch präzisiert werden: Die Juden bilden eine geschlossene Gemeinschaft, deren eigener alttestamentarischer Mythos in den heidnischen Mythos der ruthenischen Bevölkerung eingeflossen ist.

Neben der beschriebenen horizontalen Gliederung ist der Raum in Olbrachts Roman auch vertikal gegliedert. Die Gipfel der Berge vermitteln ein Gefühl von Sicherheit. Hier ist man Gott am nächsten, kann die gesamte Landschaft mit einem Blick überschauen und sieht jede Gefahr schon von ferne. Šuhaj verschmilzt vollkommen mit dem Raum der Berge und Hügel, und es scheint sogar, als habe Olbracht zum Ausdruck dieser festen Verbundenheit ein biblisches Gleichnis verwendet, das Šuhaj gleich in zwei Passagen des Romans in die Nähe von Christus rückt: „Nikola liebte diese Berge und Wälder um sich, in die er immer hatte entkommen können. Nie hatten sie ihn verlassen, nie ihn untergehen lassen – sie nicht und ihr Gott nicht. Deshalb war er Leib von ihrem Leib, Blut von ihrem Blut."[233] Einige Seiten weiter heißt es: „Aber was konnten sie ihm überhaupt anhaben, da doch all das Gewaltige und Erstaunliche um ihn, diese Berge und Wälder, die Wolken und die Sonne mit ihm eins waren, da

231 In Olbracht 1989: 25. Orig.: „[a]le chraňte se mezi ně hodit myšlenku! Tehdy se ihned objeví dvojí mozky. A dvojí nervový systém. A dva Bohové šlehnou proti sobě blesky." In Olbracht 2001a: 21.

232 Vgl. Mravcová 1984–1985: 294–301.

233 In Olbracht 1989: 162. Orig.: „Miluje ty hory a lesy kolem, k nimž se možno vždy bezpečně utéci. Nikdy ho nezradily a nedají mu nikdy zahynout. Ony a jejich Bůh. Protože je tělem z jejich těla, krví z jejich krve." In Olbracht 2001a: 130.

er Leib von ihrem Leib und Blut von ihrem Blut war?"[234] Die Rolle des Erlösers, die Šuhaj infolgedessen zukäme, steht auch keineswegs im Widerspruch zu dem Bild, das sich die ruthenische Bevölkerung im Roman von ihm macht.

Je weiter man sich von Koločava entfernt, desto größer ist Šuhajs Ruhm. Im Dorf selbst ist er eher ein Mörder und bewunderter Bandit, je weiter sich jedoch sein Ruf verbreitet, desto mehr wird er zum Räuber und Volkshelden. Mit wachsender Entfernung vom Zentrum, dem Ort, an dem Šuhaj sein bürgerliches Leben verbrachte, verlieren sich allmählich sämtliche zum Verständnis seiner mythischen Rolle unnötigen Details. Die Figur Šuhajs löst sich aus der gelebten historischen Zeit, genaue Jahreszahlen verlieren ihre Bedeutung, denn „hinter den Grenzen Kolotschawas wächst seine Gestalt ins Geheimnisvolle".[235] Selbst die Tatsache, dass „[d]ie Kolotschawaer [...] über Nikola Schuhajs Tod ab[gestimmt haben]",[236] ist für die übrige Gegend nicht von Belang: Denn in dieser lebt nicht der Deserteur, sondern bereits ausschließlich der Räuber Šuhaj.

An dieser Stelle empfiehlt sich ein direkter Vergleich des Umgangs mit Raum und Zeit in Olbrachts *Nikola Šuhaj loupežník* und Manns Josephstetralogie: In *Joseph und seine Brüder* wird dem Leser eine komplexe Vorstellung über die räumlich-zeitliche Ordnung der im Text entworfenen fiktiven Welt vorgelegt. Die für die fiktive Welt der Tetralogie geltenden Regeln werden in Olbrachts Roman nicht übernommen. Manns Text übte einen eher indirekten Einfluss aus, indem er Olbracht Schemata vermittelte, die für alle in Tradition und Mythos wurzelnden Geschichten gelten. Die Tätigkeit als Übersetzer verhalf Olbracht zu größerer Klarheit über die erzählerischen Möglichkeiten für sein eigenständiges literarisches Werk.

5.3 Šuhaj – der Prozess der Herausbildung einer mythischen Identität

Die Figur Šuhajs durchläuft in Olbrachts Roman einen komplizierten Mythisierungsprozess. Zur künstlerischen Darstellung dieses Prozesses wählte Olbracht verschiedenartige Mittel, die zu einem möglichst zusammenhängenden Erzählfluss seines Prosatextes beitragen und diesen volkstümlich, märchen- und balladenhaft, vor allem aber als geschlossenes episches Ganzes erscheinen

---

[234] In Olbracht 1989: 164. Orig.: „Co mu mohou udělat, je-li toto vše ohromné a úžasné kolem něho, hory a lesy, oblaka a slunce, vše jedno, s ním, a je-li on tělem jejich těla a krví z jejich krve?" In Olbracht 2001a: 132.

[235] In Olbracht 1989: 248. Orig.: „za hranicemi Koločavy vyrostla jeho postava do tajemnosti". In Olbracht 2001a: 201f.

[236] Vgl. Olbracht 1989: 184. Orig.: „Koločava odhlasovala Nikolovi Šuhajovi smrt." In Olbracht 2001a: 150.

lassen.[237] Zu diesen Mitteln gehören z. B. die wiederholte Verwendung der magischen Zahlen Drei und Sieben wie auch die ausgeprägte Rhythmisierung des Textes, die unter anderem durch die Verwendung verschiedener Epitheta constans, durch totemische Vergleiche und durch die refrainartige Wiederholung ganzer Satzabschnitte erzielt wird. Bei der Rekonstruktion des Prozesses, der einen gewöhnlichen Kriegsdeserteur und Dieb zu einem Romanhelden der Volksmythologie werden lässt, zeigt sich, dass in bestimmten Phasen dieses Prozesses fast mit Sicherheit von einem direkten Einfluss der Josephstetralogie gesprochen werden kann. Dennoch ist Šuhaj kein karpatoukrainisches Pendant zu Manns alttestamentarischem Joseph.

Šuhaj war zunächst ein gewöhnlicher Militärdeserteur und Bandit. Als solcher stirbt er am Ende des Romans auch. Als Räuber und mythischer Held lebt er jedoch in Form von Erinnerungen und Volkserzählungen weiter. Dem eigentlichen initiatorischen Moment geht eine Episode in der Hütte einer russischen Alten voraus, die von den Holatýner Hirten bereits im ersten Kapitel des Romans im Rahmen des „Schönen Gesprächs" geschildert wird. Die Alte sagt Šuhaj und dessen deutschem Gefährten eine ruhmvolle Zukunft voraus: „‚Du, Ruthene' […] ‚du wirst ein berühmter Mann in deinem Land werden; Generale und Soldaten werden dich fürchten.'"[238] Das Motiv der Schicksalsprophezeiung ist als Macbeth-Motiv interpretierbar, und auch der Erzähler selbst spricht von einer „an Macbeth erinnernde[n] Erzählung".[239] Die Prophezeiung der ruhmvollen Zukunft geht jedoch mit einem Fluch einher: „‚Aber wenn ihr mich belügen solltet, dreimal siebenmal wehe euch!'", welcher vom Erzähler kommentiert wird: „Und diese Verwünschung war um so fürchterlicher, als sie sozusagen völlig gleichgültig ausgesprochen wurde, […]."[240] Anschließend reicht die Alte beiden einen Zaubertrank und fährt fort: „‚Jetzt kann euch keine Kugel mehr verwunden – weder aus einem Gewehr noch aus einer Pistole, weder aus einem Maschinengewehr noch aus einem Geschütz.'"[241] Diese gesamte Episode kann sich nur aus einem einzigen Grund an

237 Mit der Analyse der für Olbrachts Spätwerk typischen sprachlichen Mittel befasst sich Františka Havlová in ihrem Artikel *K jazyku Ivana Olbrachta*. Vgl. Havlová 1972: 233–242.

238 In Olbracht 1989: 13. Orig.: „‚Ty, Rusíne,' […], ty budeš slavným mužem své země, budou se tě bát vojska a generálové […]'". In Olbracht 2001a: 12.

239 Vgl. Olbracht 1989: 12. Orig.: „Zde jest tedy onen makbethovský příběh o nezranitelném Šuhajovi […]". In Olbracht 2001a: 11.

240 In Olbracht 1989: 13f. Orig.: „‚Ale obelhali-li jste mě, třikrát, sedmkrát běda vám,' […] a to prokletí bylo tím ošklivější, že bylo proneseno jakoby lhostejně." In Olbracht 2001a: 13.

241 In Olbracht 1989: 14. Orig.: „‚Teď se vás netkne žádná kulka. Ani z pušky, ani z pistole, ani z kulometu, ani z děla.'" In Olbracht 2001a: 13.

der Hütte der russischen Alten abspielen: Hier wurde ein „Sack voll Heimatluft“[242] aus den karpatoukrainischen Bergen ausgebreitet, und die Karpatenukraine ist – wie bereits gesagt – einer der wenigen Orte Mitteleuropas, wo sich solcherlei Dinge noch zutragen.

Der tatsächliche Wendepunkt kommt jedoch erst später, als es Šuhaj und seinem deutschen Kameraden an der Front nicht gelingen will, sich gegenseitig eine Schusswunde zuzufügen:

> [I]n diesem Augenblick senkte sich etwas Riesiges auf die Erde herab, etwas, das keinen Namen hatte, weil es aus einer anderen Welt kam. Alles um sie herum war still wie unter der Berührung des Todes und die Dinge verloren ihre Farbe. Nikola Schuhaj wurde von Entsetzen gepackt. [...]
>
> Aber was war Schuhaj da erschienen? Der Tod? Das Schicksal? Gott?[243]

Dieser initiatorische Moment verändert irreversibel Šuhajs Bewusstsein und Selbstwahrnehmung. Er „war blaß, aber seine Augen funkelten und seine Stimme klang fest.“[244] In dieser Phase der Geschichte wird Nikola bewusst, welche Gabe ihm zuteil geworden ist und was er damit erreichen könnte. Die Situation kann er jedoch nur deshalb so wahrnehmen, weil er aus der Karpatenukraine stammt, wo sich derlei Dinge noch zutragen. Sein deutscher Gefährte hingegen ist sich über die erworbene Gabe nicht bewusst, und beide haben sie „nur jenen sonderbaren Vorfall im Herzen, redeten aber nie davon“.[245] – Šuhaj, weil er es nicht für nötig hält, zu reden. Nikola kann sich jedoch noch immer nicht vollständig mit dem eigenen Schicksal identifizieren. Für den Tod der ersten Gendarmen, die ihn verfolgen, verspürt er das Bedürfnis, sich zu entschuldigen: „‚Warum laßt ihr mich nicht in Frieden?‘ klang es noch einmal als zornige Rechtfertigung aus dem Wald herüber.“[246] Gerade die Fähigkeit, den Kugeln der Gendarmen zu entgehen, dem Gegner aber einen treffsicheren Schuss zu versetzen, ist Ausgangspunkt der Legenden, die sich über ihn verbreiten. Nikola

---

242 In Olbracht 1989: 14. Orig.: „Jako by daleko odtud, nad jeho domovinou, někdo vyřízl kus ovzduší a přenesl jej sem nad chýši s vysokou slaměnou střechou.“ In Olbracht 2001a: 13.

243 In Olbracht 1989: 18. Orig.: „[V] té chvíli se na zemi sneslo něco ohromného. Něco, co nemělo jména. Protože to bylo z jiného světa. Vše kolem ztichlo jako pod dotekem smrti a věci ztratily barvy. Nikolu Šuhaje jala velká hrůza. [...]
Co se mu to zjevilo? Smrt? Osud? Bůh?“ In Olbracht 2001a: 16.

244 In Olbracht 1989: 19. Orig.: „Byl bledý, ale oči mu zářily a jeho hlas zněl velitelsky.“ In Olbracht 2001a: 17.

245 In Olbracht 1989: 20f. Orig.: „[...], žili oni dva s podivnou příhodou v srdcích, o níž nikdy nepromluvili. Šuhaj proto, poněvadž mluviti nebylo třeba.“ In Olbracht 2001a: 18.

246 In Olbracht 1989: 55. Orig.: „‚Proč mě nenecháte?!‘ zařval ještě jednou z lesa Nikolův hlas jako na zlostnou omluvu.“ In Olbracht 2001a: 45.

wird zu Nikola Šuhaj, als seine Legende zu wachsen und unter den Menschen ein Eigenleben zu führen beginnt.

Der letzte entscheidende Moment ist die Begegnung mit ein paar kleinen Jungen, die Šuhaj spielen. Als sie den realen Šuhaj vor sich haben, erkennen sie ihn nicht, weil Šuhaj doch ein grünes Zweiglein bei sich gehabt habe, mit dem er die Schüsse der Gendarmen abwehrte, und weil er „kein solcher Knirps"[247] gewesen sei. Bei dieser Begegnung fallen auch erstmals - aus dem Mund eines der kleinen Jungen - die Worte: „‚Ich bin Schuhaj! Ich bin Nikola Schuhaj!'"[248] In diesem Moment wundert sich Nikola noch: „So berühmt war er also, eine Berühmtheit, die bis hierher zu diesen Jungen gedrungen war."[249] Später spricht er jedoch mehrmals selbst dieses Pendant zu Manns mythischer Identifikationsformel „Ich bin's" aus: „‚Ich bin Schuhaj.'" Und: „Dies Wort genügt, daß den Leuten die Knie zittern, daß sie die Hände heben und ihre Geldtaschen öffnen."[250] Erst in diesem Moment wird Nikola wirklich zum Räuber Nikola Šuhaj. Über diese Worte identifiziert er sich mit sich selbst, das heißt mit seinem Ruf als Held, Räuber und Beschützer der Armen. Der Name ist eigentlicher Träger des mythischen Schicksals, im Namen steckt all seine Kraft und durch Aussprechen des Namens mittels der mythischen Formel geht diese Kraft auf denjenigen über, der sie ausgesprochen hat: „[...] der ruhige Nikola, der [...] seine Beschwörungsformel sprach: ‚Ich bin Nikola Schuhaj!' Er brauchte die Leute nicht mehr durch Backenstreiche zu erschrecken [...]", jetzt genügt bereits der schreckliche Name: „[...] sie kannten ihn".[251] Als Šuhaj merkt, was er sich mit seinem legendären Namen alles erlauben kann, beginnt er, an sich zu glauben, seine Kraft und seine Fähigkeiten zu nutzen: „[...] unbewaffnet und mit unverhülltem Gesicht, hob er mitten auf der Straße die Hand: ‚Halt, stehenbleiben! Ich bin Nikola Schuhaj!'"[252] Gerade der Name und der mit diesem verbundene Wille gehören laut Uwe Wolff zu den Elementen, die an der Konstituierung des Mythos beteiligt sind. Wolff konstatiert, dass eine der Voraussetzungen für die Realisierung des Mythos das Erlebnis der Machtaus-

---

247 In Olbracht 1989: 62. Orig.: „‚Šuhaj nebyl takový mrňous jako vy!'" In Olbracht 2001a: 51.

248 In Olbracht 1989: 61. Orig.: „‚Já jsem Šuhaj! Já jsem Nikola Šuhaj!'" In Olbracht 2001a: 50.

249 In Olbracht 1989: 61. Orig.: „Taková byla jeho sláva? Až sem sahala?" In Olbracht 2001a: 51.

250 In Olbracht 1989:107. Orig.: „‚Jsem Šuhaj!' Tato dvě slova stačí, aby se lidem rozklepala kolena, opotily dlaně a zotvíraly tobolky." In Olbracht 2001a: 86.

251 In Olbracht 1989: 137. Orig.: „[...] klidný Nikola, [...], vyslovuje svou zaříkávací formuli: ‚Jsem Nikola Šuhaj.' Není již třeba vyděšovat políčky, strašné jméno stačí, [...], lidé je znají [...]." In Olbracht 2001a: 110f.

252 In Olbracht 1989: 84. Orig.: „[...] neozbrojen a s nezahalenou tváří zdvíhá uprostřed silnic dlaň: ‚Stůj! Jsem Nikola Šuhaj!'" In Olbracht 2001a: 69.

übung sei.[253] Notwendige Bedingung für dieses Phänomen sei dabei gerade das Aussprechen des Namens, durch das sich die Macht konzentriert und aus ihrer ursprünglichen Anonymität gelöst wird:[254]

> Das namenlos Mächtige wird konkret, wenn es eine Person gestalthaft macht. Thomas Mann prägte für dieses Phänomen die Identifikationsformel ‚Ich bin's'. Die Gestaltwerdung des in Name, Macht und Wille manifest gewordenen Phänomens ermöglicht die Identifikation und das In-Spuren-gehen des Typos.[255]

Nikola hat diese Bedingungen erfüllt, deshalb kann er beginnen, sein Schicksal zu leben.

Damit beginnt die letzte Phase der Geschichte. Nikola glaubt vorbehaltlos an seine Unverwundbarkeit. Das lässt seinen Mut und sein Selbstvertrauen beträchtlich wachsen: Plötzlich existiert kein Feind und kein Krieg mehr. Just in dieser Zeit beginnt sein Schicksal jedoch vom Typ her dem derjenigen Figuren zu gleichen, mit deren Geschichte es vom Erzähler bereits in der Einführung verglichen wurde:

> Dennoch ist diese Erzählung [über Šuhaj] um nichts weniger belehrend als die Geschichten von Achilles, Siegfried, Macbeth und Oleksa Dovbusch, oder wie sie sonst noch alle heißen, die vom Schicksal betrogen wurden. Und wenn wir jetzt auch nicht die Absicht haben, von so abstrakten Dingen wie der Unsterblichkeit zu sprechen: nach Unverwundbarkeit sehnen wir uns alle.[256]

All diese Helden verließen sich im entscheidenden Moment zu sehr auf ihre Unverwundbarkeit, keiner von ihnen entging jedoch dem Tod. Das tragische Ende ist bereits in der Struktur der Geschichte angelegt. Und dies ist ein weiterer Grund dafür, warum der Erzähler die Geschichte Šuhajs auch eine an Macbeth erinnernde Geschichte nennt. Das Wesen jenes tückischen Betrugs durch das Schicksal, von dem in der oben zitierten Passage die Rede ist, wird von Macbeths Freund Banquo schon zu Beginn von Shakespeares Drama zum Ausdruck gebracht: „The instruments of darkness tell us truths; Win us with honest trifles, to betrey's In deepest consequence."[257] Die Hexen haben Macbeth seine königliche Zukunft prophezeit, ihm jedoch die grausame zeitliche

[253] Vgl. Wolff 1979: 32.

[254] Vgl. ibid.: 38.

[255] Ibid.: 40.

[256] In Olbracht 1989: 21. Orig.: „[...] ale ta povídka není o nic méně poučná než příběhy o Achillovi, Siegfriedovi, Makbethovi a Oleksovi Dovbušovi, či jak se jmenovali všichni ti, kdož byli osudem ošizeni. Neboť nehodláme-li již mluviti o pojmu tak odtažitém, jako jest nesmrtelnost: po nezranitelnosti toužíme všichni." In Olbracht 2001a: 18f.

[257] In Shakespeare 1967: 61, I.3.

Begrenztheit dieses Ruhms wie auch sein tragisches Ende verschwiegen. Später erfährt Macbeth von den drei Erscheinungen, dass „none of woman born“[258] ihm Schaden zufügen und er erst besiegt werden wird, wenn sich der Wald bei seiner Burg auf diese zubewegt. Macbeth schlussfolgert aus dieser Prophezeiung irrtümlicherweise, dass er gänzlich unverwundbar sei und eines natürlichen Todes sterbe. Am Ende des Dramas beginnt sich der Wald jedoch tatsächlich zu bewegen, als Tausende englischer Soldaten, jeder mit einem Ast maskiert, auf die Burg zumarschieren. Macbeth wird schließlich von Macduff getötet. Dieser „was from his mother's womb Untimely ripped“ – er kam also offenbar per Kaiserschnitt zur Welt.[259]

Achilles wiederum war durch seinen unsichtbaren Panzer geschützt. Dennoch war er an der Ferse verwundbar, an der ihn seine Mutter Thetis gehalten hatte, als sie ihn in den Styx tauchte.[260] Siegfrieds verwundbare Stelle befand sich zwischen den Schulterblättern, wo er mit der Hand nicht hinreichen konnte, als er sich den Körper mit Drachenblut einrieb.[261] Oleksa Dovbuš, ein karpatoukrainischer Volksheld aus dem achtzehnten Jahrhundert, konnte nur von einer silbernen Kugel verwundet werden, über der zuvor zwölf Messen gelesen wurden.[262] Nikola Šuhaj identifiziert sich keineswegs bewusst mit seinen mythischen Vorgängern. Er lässt sich vom Rausch seiner eigenen Geschichte und seines Schicksals hinreißen, das er bis zum letzten Moment in vollen Zügen lebt. Durch sein Handeln wiederholt er jedoch die Schicksale aller

258 In ibid.: 108, IV.1.

259 In ibid.: 136, V.6.

260 Vgl. Zamarovský 2000: 18.

261 Vgl. Vlčková 1999: 190f., Artikel *Siegfried*. Vlčková führt auch eine Variante mit einem auf die Kleidung gestickten Kreuz an: Nur ein in diese Stelle gebohrtes Schwert kann Siegfried töten.

262 Vgl. Olbracht 1989: 103 bzw. Olbracht 2001a: 83. Mit Dovbuš und Šuhaj befasst sich Olbracht auch in seiner in dem Buch *Hory a staletí* veröffentlichten Reportage *Loupežníci*. Vgl. dazu Olbracht 1936: 89–131. (Dt. u. d. T.: *Die Räuber*. In Olbracht: *Berge und Jahrhunderte*. Berlin 1952: 76–117).
Zu detaillierten Informationen über den historischen Oleksa Dovbuš und die über ihn kursierenden Legenden vgl. auch Grabovecki 1959. Grabovecki befasst sich dort u. a. mit dem Phänomen der sogenannten Karpaten-Opryschky, der Räuber oder Rebellen, zu denen auch Dovbuš gehörte. Zudem führt er weitere interessante Varianten des Volksmythos an, wie Dovbuš zu seiner Macht gelangt sei. So soll ihm im Wald ein alter Opryschek ein schweres, aber ruhmvolles Leben vorausgesagt haben. Einer anderen Version zufolge forderte ihn der Alte auf, sein Hemd auszuziehen, zerschnitt ihm die Haut auf dem Rücken und nähte ihm dort ein duftendes Kraut ein, das schlagartig das Blut in seinen Adern in Wallung brachte und ihm große Kraft verlieh.

im o. g. Zitat erwähnten Figuren. Am stärksten wird er im Text mit Oleksa Dovbuš assoziiert:

> War vielleicht in Braza die Waffe Dovbuschs aus der Erde hervorgekommen? [...]
>
> Jedes Jahr rückt die Waffe um ein weniges aus der Dunkelheit der Erdoberfläche zu. Wenn sie in ganzer Größe an der Sonne blitzen wird wie eine Schmetterlingspuppe oder ein Buschwindröschen auf der Weide im Frühling, dann wird der Welt ein neuer Oleksa Dovbusch erstehen, der den Reichen nimmt, den Armen gibt und die Herren schlägt, aber niemals, außer in Selbstverteidigung oder aus gerechter Rache, jemand tötet.
>
> Gewiß, in Braza war die Waffe hervorgekommen!
>
> In den Wäldern hauste Nikola Schuhaj.[263]

Dieses Vorgehen entspricht der Logik der Geschichte, die sich mit der Einfachheit ihres Handlungsverlaufs in die Tradition der Volkserzählungen einreiht. Die Identifikation mit einem rein lokalen Helden trägt zudem zu einer noch stärkeren Bindung der Geschichte an die Karpatenukraine bei und verstärkt deren Kammercharakter. Den größten Anteil an der Figuration Šuhajs in der Rolle Oleksa Dovbušs hat in Olbrachts Roman das ruthenische Volk, das durch seine Erzählungen die Herausbildung eines Šuhaj-Mythos nach dem Vorbild dieses Volkshelden fördert.

Šuhaj ist nicht bewusst, dass der Mord an der russischen Alten, den er zusammen mit seinem deutschen Gefährten verübte, den Weg zur Erfüllung ihres unauffällig ausgesprochenen Fluchs eröffnet hat. Er vergisst vollkommen, mit der Beschränkung seiner Unverwundbarkeit auf Schusswunden zu rechnen, und wird schließlich durch einen gut gezielten Axthieb getötet. Selbst kurz vor seinem Tod ist er nicht imstande, die Gefahr zu erkennen. Sein jüngerer Bruder Jura handelt weitaus instinktiver und wittert die Gefahr sofort: „‚Gib acht, Nikola! Sie [die Freunde Ihnat Sopko, Adam Chrept und Danilo Jasinko] sind gekommen, um dich zu töten.' ‚Bah!' Nikola winkte mit der Hand ab."[264] Und an anderer Stelle heißt es: „Denn Juraj gab sich nicht dem Glücksgefühl hin. [...] Sie waren verraten worden und sollten ermordet werden. Nikola sollte ermordet werden [...] Und Nikola würde auch bestimmt

---

263 In Olbracht 1989: 83f. Orig.: „Vyšel snad v Brazách ze země Dovbušův kris? [...] A puška se každého roku posouvá o znání z temnot k zemskému povrchu, a až na slunci zasvítí celá jako zjara na polonině kuklík nebo sasanka, vzejde světu nový Oleksa Dovbuš, který bohatým bral, chudým dával, pral pány a nikdy nikoho nezabil leč ze spravedlivé msty nebo v sebeobraně.
Dojista! V Brazách se pohnul kris k povrchu.
V lesích řádí Nikola Šuhaj." In Olbracht 2001a: 68.

264 In Olbracht 1989: 226f. Orig.: „‚Dej si pozor, Nikolo! Ti tě přišli zabít!'
‚Eh,' máchl rukou Nikola." In Olbracht 2001a: 184.

ermordet werden, wenn jene [die Freunde] am Leben blieben!"[265] Auch die wohlhabenden Juden erkennen am Ende, dass sich um Nikola eine Schlinge zuzieht: „Nikola war verrückt! Dachte er denn, daß er die ganze Welt überwinden könnte? Oder vielleicht dachte er das nicht einmal und war eben nur verrückt!"[266] Šuhaj hingegen fühlt sich sicher:

> Die Freunde verrieten ihn. Der Doktor hatte recht. Ob auch Erika ihn verlassen würde...? [...] Würde auch sie ihn verlassen und er dann allein stehen gegen alle und jeden auf dieser Welt? Und wenn auch! [...] Nun hatte er wieder Gottes Macht in sich. Und diese Macht würde ihn nicht verraten, auch wenn er allein gegen die ganze Welt stehen müßte.[267]

In dieser Hinsicht ist Šuhaj ein weitaus naiverer Held als Manns Joseph, der immer genau weiß, in welcher Phase sich die ihm zukommende Rolle innerhalb der mythischen Geschichte gerade befindet. Joseph vermag der Geschichte selbst eine Richtung zu geben, ist aufgrund seiner bewussten Erfahrung mit dem Mythos sogar imstande, Künftiges vorauszusehen und sein Schicksal zu inszenieren. Ihm ist stets bewusst, in wessen Spuren er gerade geht. Šuhaj ist diesbezüglich eine noch unbedarfte Figur, die in der Logik der mythischen Welt gefangen ist und sich nicht bewusst zu machen vermag, dass ähnliche Geschichten sich bereits früher zugetragen haben und dass er aus ihnen lernen könnte.

---

265 In Olbracht 1989: 162f. Wörtlich: „Denn Jura gab sich nicht dem Sicherheitsgefühl hin." (Anm. d. Übers.). Orig.: „Neboť Jura se neoddává pocitu bezpečí. [...] Byli zrazeni a měli být zavražděni. Nikola měl být zavražděn. [...] A *bude* zavražděn, nechá-li je naživu." In Olbracht 2001a: 131.

266 In Olbracht 1989: 159. Orig.: „Nikola je blázen. Myslí, že přemůže celý svět. Nebo to snad ani nemyslí a je jen blázen." In Olbracht 2001a: 128.

267 In Olbracht 1989: 136f. Orig.: „Přátelé ho zradí. Doktor měl pravdu... Zradí ho také Eržika? [...]
Ona ho také zradí a zůstane sám proti celému světu lidí?
A kdyby! [...]
Má v sobě boží moc. A ta ho nezradí. A třeba sám proti celému světu lidí!" In Olbracht 2001a: 110.

6. *Golet v údolí*

Der Prosazyklus *Golet v údolí* (wörtlich: Galut im Tal, dt. u. d. T. *Wunder mit Julka* [1967], *Von den traurigen Augen der Hana Karadžičová* [1990], *Die traurigen Augen.* [2001]) entstand u. a. während Olbrachts letztem mehrmonatigen Aufenthalt in der Karpatenukraine zwischen Juni und August 1936. Viel Zeit verbrachte Olbracht damals in Gesellschaft karpatoukrainischer Juden, denen die Texte auch gewidmet sind. „[M]enschliche Vorbilder“[268] für einige seiner Prosafiguren waren reale Juden, zu denen Olbracht damals Kontakt hatte. Bis April 1937 wurde das Buch zur Publikation vorbereitet und schließlich im Prager Verlag Melantrich herausgegeben.

Petr Hanuška verweist in seinem Kommentar zur tschechischsprachigen Ausgabe des Erzählzyklus auf ein Zeugnis Rudolf Havels, dem zufolge *Golet v údolí* „nicht der letzte auf das Thema Karpatenukraine ausgerichtete Prosaband“ sein sollte:

> Olbracht hatte vor, die [...] Texte *Jak jsme filmovali Marijku nevěrnici* aus dem Jahr 1933 und *Jak mi Masarykovo jméno pomohlo napsati tři knihy*[269] zu verbinden und durch eine Erzählung über Pinches Jakubovič, der einen Schrank verkauft, [...] zu ergänzen. Vielleicht sollte daraus, wie in der Zeitung *Rudé právo* vom 16.12.1937 angeführt wird, ein Buch mit dem vorläufigen Titel *Tajemství modré hvězdy* werden. Zum Schreiben der Erzählung und zur Veröffentlichung des Buches kam es jedoch nie.[270]

Golet v údolí ist daher nicht nur Olbrachts bestes, sondern auch sein letztes Werk mit karpatoukrainischer Thematik. Zudem ist es auch das letzte Werk, mit dem er als Autor in Erscheinung trat. In der Folgezeit widmete er sich nur noch literarischen Adaptionen oder Überarbeitungen seiner eigenen Texte.

Kompositorisch handelt es sich bei *Golet v údolí* um einen Zyklus dreier Prosatexte, wobei die beiden ersten, *Zázrak s Julčou* (*Das Wunder mit Julča*)

---

[268] Orig.: „lidskými předobrazy“. In Hanuška 2001: 440. Für alle übrigen Nennungen Hanuškas in Verbindung mit Entstehung und Rezeption von *Golet v údolí* vgl. ibid.: 440–443, 451–455.

[269] Beide Texte sind in dem Band *Pryč s legendami* enthalten. Vgl. Olbracht 1961: 174–195.

[270] Orig.: „Olbracht zamýšlel spojit [...] texty *Jak jsme filmovali Marijku nevěrnici* z roku 1933 a *Jak mi Masarykovo jméno pomohlo napsati tři knihy* a doplnit je povídkou o Pinchesi Jakubovičovi prodávajícím almaru [...]. Snad to měla být kniha předběžně nazvaná *Tajemství modré hvězdy*, jak uvedlo *Rudé právo* 16. 12. 1937. K napsání povídky ani k vydání knížky však nikdy nedošlo.“ In Hanuška 2001: 443. Kursivsetzung der Titel von O.Z.

und *Událost v mikve* (*Der Vorfall in der Mikwe*), vom Genre her meist als Erzählungen gelten. Der dritte Text, *O smutných očích Hany Karadžičové* (*Von den traurigen Augen der Hana Karadžičová*), ist weitaus umfangreicher und wird daher teils als Erzählung, teils als Novelle, mitunter sogar als romanhafte Prosa [polorománová próza] aufgefasst. Einheitlich als „Erzählung" bezeichnet werden alle drei Texte zum Beispiel von Hanuška – und dies in Übereinstimmung mit dem Autor, wie er anhand von Auszügen aus Olbrachts Korrespondenz nachweist. Ein Vorteil dieser Genreeinordnung ist, dass sie eine gleichzeitige Bezugnahme auf alle drei Texte mit ein und demselben Begriff erlaubt. Zudem wird damit der Zykluscharakter des Prosabandes betont, der hinsichtlich der Figuren und der räumlich-zeitlichen Verankerung wie auch durch die raffinierte motivische Verknüpfung aller drei Texte ein Ganzes bildet. Als Beispiel für die moderne tschechische Novelle gilt Olbrachts Text in der *Encyklopedie literárních žánrů*.[271] Der Begriff „romanhafte Prosa" [„polorománová próza"] wird von Jiří Opelík[272] verwendet, der damit die Andersartigkeit dieser Prosa erfasst, den Text jedoch zugleich unter dem Aspekt seiner Genrezugehörigkeit in einem Übergangsbereich zwischen Roman und (vermutlich) Erzählung belässt.

In *Golet v údolí* verarbeitete Olbracht all seine bisherigen, während der Aufenthalte in der Karpatenukraine gesammelten Erfahrungen. Von der zeitgenössischen Kritik wurde die gründliche und vor allem glaubwürdige psychologische Figurenzeichnung hervorgehoben, deren Fehlen man *Nikola Šuhaj loupežník* als künstlerischen Mangel vorgeworfen hatte. Mit seinem neuen belletristischen Text widerlegte Olbracht definitiv den Verdacht, dass er zu einer solchen künstlerisch nicht fähig sei. Olbrachts Prosazyklus kann daher als Argument dafür gelten, dass die spezifische literarische Gestaltung seines Räuberromans Resultat einer durchdachten künstlerischen Absicht war.

Eine Zusammenfassung der wichtigsten Kritiken zu *Golet v údolí* findet sich bei Hanuška. Richtungweisend für die Rezeption des Erzählbandes waren Hanuška zufolge z. B. Václav Černý, Bedřich Václavek, Josef Strnadel und Miloš Holas. Černý stellt in seiner Buchkritik *Baladika židovského profetismu* „Olbrachts *Golet v údolí* eindeutig auf eine Stufe mit dem Besten, was je zu diesem Thema geschrieben wurde".[273] Er geht auf die oben bereits erwähnte

---

[271] Vgl. Mocná 2004: 420.

[272] Vgl. Opelík 1961: 191.

[273] Orig.: „Olbrachtův *Golet v údolí* postavil jednoznačně na roveň tomu nejlepšímu, co vůbec bylo na dané téma napsáno". In Hanuška 2001: 451.

Verknüpfung der Texte ein und charakterisiert kurz jeden einzelnen Prosatext. Dabei erfasst er auch sehr genau die Unterschiede zwischen den Texten:

> *Zázrak s Julčou* bezeichnet er als „kurzes Bildchen [...] mit einem humoristischen Element", *Událost v mikve* als „Tragikomödie"; die Erzählung *O smutných očích Hany Karadžičové* nennt er einen „wunderschönen kleinen Roman [...], mit dessen künstlerischer Reinheit und Innigkeit, mit dessen einfacher, doch souveräner epischer Gesetzmäßigkeit nur schwer etwas vergleichbar ist".[274]

Černý zufolge unternahm Olbracht in seinem Buch „eine bedeutsame psychologische Entdeckungsreise in die ‚Rassen- und Religionspsychologie' der jüdischen Gemeinschaft. Durch die Ergründung der religiösen Orthodoxie gelangte er zu einer allgemeineren, jedoch keineswegs oberflächlichen Erkenntnis der jüdischen Mentalität."[275] Strnadels Interesse wiederum gilt u. a. der allmählichen Steigerung zwischen den einzelnen Teilen des Prosabands, welche die ersten beiden Erzählungen zu einer Exposition des abschließenden, thematisch gewichtigsten Textes werden lässt.

Miloš Holas befasst sich in seinem Artikel *Knihy poctěné*[276] [Ausgezeichnete Bücher] mit drei in einem Wettbewerb des Prager Verlags Melantrich ausgezeichneten Büchern. Neben *Golet v údolí* handelt es sich dabei um Josef Koptas Prosatext *Zlatá sopka* und Vladimír Neffs Roman *Dva u stolu*. Olbrachts Prosazyklus wird dabei sehr positiv bewertet, da es dem Autor gelungen sei, aus einer „unkomplizierten Fabel zeitlose Typen, Mikrokosmen im geheimnisvollen, verborgenen und rätselhaften jüdischen Kosmos" erstehen zu lassen.[277]

Eine andere Sicht auf *Golet v údolí* stammt aus der Feder Bedřich Václaveks, der Olbrachts Prosaband aus der ideologischen Perspektive eines überzeugten Kommunisten bewertet. In der Studie *O mytus dneška* [Vom Mythos der Gegenwart], die auch ein Kapitel über *Golet v údolí* enthält und in Václaveks Buch *Tvorbou k realitě* [Durch Schaffen zur Realität] veröffentlicht

---

274 Orig.: „*Zázrak s Julčou* označil za ‚krátký obrázek [...] s prvkem humoristickým'; *Událost v mikve* specifikoval jako ‚tragikomedii'; o povídce *O smutných očích Hany Karadžičové* psal jako o ‚překrásném románku [...], s jehož uměleckou čistotou, vroucností, prostou, ale suverénní zákonitostí epickou stěží můžeš co srovnávat'". Ibid.: 452. Kursivsetzung der Titel von O.Z.

275 Orig.: „[...] autor v knize provedl závažnou psychologickou sondu do ‚rasové' i ‚náboženské' psychologie židovské komunity. Prostřednictvím ohledání náboženské ortodoxie se propracoval k obecnějšímu, nikoli však povrchnímu poznání židovské mentality." Ibid.: 452f.

276 Vgl. Holas 1937: 150–153.

277 Orig.: „Bylo třeba klopotné námahy, aby z nekomplikované fabule vyvstaly nadčasové typy, mikrokosmy v židovském kosmu, záhadném, utajovaném, hádankovitém". Ibid.: 150.

ist, betrachtet er literarische Texte aus der Perspektive des sozialistischen Realismus und der Vision einer neuen, für den sozialistischen Menschen bestimmten Literatur. In seiner Einleitung charakterisiert er die Literatur der Jahre 1925 bis 1927 unter dem Motto „od umění k tvorbě"[278] [„von der Kunst zum Schaffen"], welches auch Titel seines ersten Buches war, und grenzt sich damit gegen die von ihm als blindes Ästhetentum betrachtete l'art pour l'art, gegen Individualismus und spiritualistische Abkehr von der Wirklichkeit ab. Im genannten Zeitraum bahnte sich laut Václavek die Kunst in der Tschechoslowakischen Republik „einen ersten Weg zur Beteiligung am gesellschaftlichen Prozess der Gegenwart" und „erkämpfte sich [...] insbesondere die Voraussetzungen für ein wirkliches *Schaffen*".[279] Für die Literatur der Jahre 1933 bis 1937, in die auch die Entstehungszeit von *Golet v údolí* fällt, formuliert Václavek das Motto „tvorbou k realitě" – „durch Schaffen zur Realität". Hierbei interessiert ihn insbesondere das Verhältnis von Literatur und Wirklichkeit sowie der Anteil der Kunst am gesellschaftlichen Geschehen: „Es ist ein Kampf um die Auseinandersetzung des Dichters mit der heutigen Wirklichkeit, insbesondere der gesellschaftlichen, und daher gleichzeitig der Versuch einer Neuintegration des Sprachschaffens in den gegenwärtigen gesellschaftlichen Prozess."[280] Daher wird von Václavek auch die Ansiedlung der Handlungen von Olbrachts Prosatexten in der fernen Umgebung der Karpatenukraine nicht als positiv bewertet. Olbracht hat seiner Ansicht nach einen zu exklusiven Stoff gewählt, den Texten fehle daher die Konfrontation „mit unserer Wirklichkeit, der Wirklichkeit des zwanzigsten Jahrhunderts, [...] eines Jahrhunderts des Kampfs um eine neue Gegenwart und eine neue fernere Zukunft".[281] Er erkennt *Golet v údolí* zwar als künstlerisch wertvolles Werk an, auf einen „wirklichen Mythos unserer Tage wie auch auf einen Mythos der Epoche"[282] sei bei Olbracht

---

278 In Václavek 1946: 7. Vgl. weiterhin auch ibid.: 7–25. Dort formuliert Václavek die theoretischen und literaturhistorischen Ausgangspunkte für die darauffolgenden interpretatorischen Kapitel.

279 Orig.: „Klestíc si takto první cestu k účasti na společenském procesu dneška, vybojovávalo si však slovesné umění u nás tehdy především základy pro skutečnou *tvorbu*". Ibid.: 7.

280 Orig.: „Je to boj o vyrovnání básníka s dnešní skutečností, především společenskou, a tedy zároveň pokus o nové začlenění slovesné tvorby do dnešního společenského procesu." Ibid.: 8.

281 Orig.: „Mytotvorná síla Olbrachtova, napájející se z hlubokých zřídel židovského lidu, je podlamována exklusivností prostředí. Olbracht se je snaží spíše jen pochopiti a ztvárniti, místo aby je zkonfrontoval s naší skutečností, skutečností dvacátého století, [...] století boje o novou přítomnost a dalekou budoucnost". Ibid.: 95.

282 Orig.: „skutečný mytus našich dnů i mytus epochy". Ibid.: 96.

jedoch noch zu warten. Václaveks Erwartungen sollten sich nicht erfüllen. Nach *Golet v údolí* widmete sich Olbracht nur noch literarischen Adaptionen.

6.1 Der alttestamentarische Mythos in den Erzählungen

Anders als in *Joseph und seine Brüder* unternimmt der Erzähler mit dem Leser in *Golet v údolí* keine monumentale Reise in die Vergangenheit. Bezüglich der historischen Zeit, in der sie sich zutragen, sind die Geschichten in der Gegenwart angesiedelt. So finden sich in den Texten Verweise auf die aktuelle Situation der karpatoukrainischen Juden, wie z. B. die beiden Touristen in *Zázrak s Julčou*, das Phänomen des Zionismus in *O smutných očích Hany Karadžičové*, die tschechoslowakischen Gendarmen etc. Die tiefste Vergangenheitsschicht des Textes ist der alttestamentarische Mythos. Auf diesen beziehen sich die Figuren immer dann, wenn sie nach einer Erklärung für das suchen, was um sie herum geschieht. Die Polanaer orthodoxen Chassidim sind Nachfahren Abrahams und wiederholen mit ihrem Leben gewissermaßen bekannte biblische Schicksale, oder, besser gesagt, sie nehmen es selbst so wahr. Die Wiederholung dessen, was sich in der Vergangenheit zugetragen hat, und das Gehen in den Spuren der Vorfahren lassen an Manns Joseph denken, doch wie schon im Falle von *Nikola Šuhaj loupežník* schuf Olbracht auch hier ein eigenständiges künstlerisches Werk.

Zázrak s Julčou (*Das Wunder mit Julča*), die kürzeste und kompositorisch einfachste Erzählung des Zyklus, ist im Grunde eine moderne Variation der Geschichte von Abraham und dem stellvertretenden Opfer, das Gott ihm im letzten Moment sandte, damit er nicht seinen erstgeborenen Sohn Isaak opfern muss. In analoger Weise sendet er dem in Armut lebenden Juden Bajnyš Zisovič zwei Touristen, damit der Vater einer vielköpfigen Familie in einer Zeit des Hungers nicht die geheimen Ersparnisse angreifen muss, die seinem ältesten Sohn Chaim eine bessere Zukunft sichern sollen.[283]

[283] Vgl. Gn 22, Opelík 1967: 33. Peter Schubert (1980: 287–290) weist auf die auffällige Ähnlichkeit zwischen Olbrachts *Zázrak s Julčou* und der Erzählung *Tevye der Milkhiger* (1895, dt. u. d. T.: *Tewje der Milchmann* [1967]) des jiddischen Autors Scholem Alejchem hin. Er vermutet, dass beiden Texten dieselbe Quelle zugrunde lag, da das Fundament beider Erzählungen trotz kleiner Unterschiede dasselbe sei: Ein armer Jude kommt durch eine zufällige Begegnung mit Ausländern zu Geld. Schubert betrachtet es als sehr wahrscheinlich, dass Olbracht Alejchems Text kannte. Entweder habe er sich unbewusst von diesem inspirieren lassen (bzw. ihn aus verschiedenen Nacherzählungen gekannt) oder ihn bewusst verarbeitet, dies aber nie zugegeben. Weniger wahrscheinlich ist Schuberts Ansicht nach die Möglichkeit, dass die Geschichte Teil der karpatoukrainischen Volksliteratur war, da sie nirgends schriftlich fixiert sei. In Alejchems Erzählung

Událost v mikve (*Der Vorfall in der Mikwe*) ist kompositorisch bereits komplizierter. Auch diese Erzählung lässt sich jedoch aus Sicht ihrer Hauptfigur Pinches Jakubovič als Variation einer alttestamentarischen Geschichte aus dem Buch Josua lesen: Als die Nacht die bis dahin erfolgreiche Schlacht bei der Stadt Gabaon zu unterbrechen drohte, hielt der Herr auf Josuas Wunsch die Zeit an. Ebenso werden bei Olbracht dem frommen Pinches Jakubovič einige zusätzliche Tage ohne eheliche Verpflichtungen zuteil, als er vor dem Betreten des Reinigungsbades (der Mikwe) bemerkt, dass das Wasser unter die markierte Grenze gesunken und die Mikwe unrein ist. Daraufhin muss der Rabbiner gerufen und die Mikwe vom Bader mit Milch gefüllt werden. Erst dann kann sich Pinches' Weib Brana hier reinigen, um in der Nacht, auf die sie ein heiliges Recht hat, zu versuchen, mit ihrem Mann das sechzehnte Kind und diesmal vielleicht endlich den Messias zu zeugen, der die Juden aus dem Golet, dem Exil, führen wird.[284]

Die Möglichkeit, die Erzählungen als Variationen alttestamentarischer Geschichten zu interpretieren, ist mit den Hauptfiguren und ihrer Wahrnehmung der jeweiligen Situation verknüpft. Die diesbezüglichen Schlüsselpassagen in den beiden ersten Erzählungen sind folgende:

> Und als er die zwei Touristen erblickte, den Herrn [...] und die schöne, rundliche Dame, die, wie es Bajnyš schien, ein kleines bißchen hinkte, da wußte er sogleich, daß sie ihm der liebe Gott schickte. Wie dem Abraham den Widder. Damit sie statt seiner Kinder geopfert würden. In diesem Augenblick begann der Kopf von Bajnyš Zisovič fieberhaft zu arbeiten.
>
> Die Absichten Gottes waren klar. Und wenn die Absichten Gottes klar sind, ist alles klar. Dann ist es nur noch Sache des Menschen, sich nach ihnen zu richten und mit allen Kräften für ihre Verwirklichung zu arbeiten. Der Herr offenbart sie ihm. Aber um die Kleinigkeiten der Durchführung kümmert sich der Herrgott nicht, und das kann er auch gar nicht. Das ist schon Sache des Menschen, und an ihm ist es, die Welt um sich so umzugestalten, daß sich in ihr Gottes Willen erfüllen kann.[285]

---

hilft Tewje zwei Frauen, die sich im Wald verirrt haben. Er führt sie zu ihren Verwandten zurück, wofür er mit reichlich Essen, einer Milchkuh und Geld belohnt wird. Dank dieser Begegnung kann er Milchmann werden. Das Motiv des stellvertretenden Opfers – und damit auch die alttestamentarische Dimension – ist jedoch nur in Olbrachts Erzählung präsent.

284 Vgl. Jos 10, Opelík 1967: 33.

285 In Olbracht 2001b: 25. Orig.: „A když spatřil ty dva turisty, toho pána [...] a tu pěknou macatou paničku, která, jak se Bajnyšovi zdálo, malounko pokulhávala, věděl ihned, že je k němu posílá milý Pán Bůh. Jako berana Abrahamovi. Aby byli obětováni místo jeho dětí. V té chvíli počala hlava Bajnyšova horečně pracovat.
Úmysly boží byly jasné. A jsou-li úmysly boží jasné, je jasné vše. Pak už jest jen věcí

In *Událost v mikve* manifestiert sich Pinches' Identifikation mit dem biblischen Josua zumindest teilweise direkt in Form von Figurenrede. Zum ersten Mal erinnert er sich an Josua, als er sich auf dem Weg zur Mikwe befindet:

> Und wie Pinches Jakubovič vor sich hin schaut und wie sein Blick traurig über die Berghänge wandert und auf dem Gipfel des Menčul innehält, erinnert er sich plötzlich an den Berg über Gabaon.
>
> **„Josua war ein großer Kämpfer, Srul!"**
>
> Aber Srul Nachamkes interessiert Josua nicht. Er fragt nicht einmal, warum Pinches ausgerechnet von ihm spricht. Der Schmied Srul Nachamkes ist ein Amhorez, ein einfacher und ungebildeter Mensch, und er weiß nicht, daß es Josua war, der, als die Nacht die beinahe schon siegreiche Schlacht zu unterbrechen drohte, mit lauter Stimme rief: „Halte die Sonne über Gabaon an und den Mond im Tal Ajalon!" Und Gott ließ für seinen Gerechten ein Wunder geschehen: Er hielt die Sonne an, und Er hielt den Mond an. Er hielt die Zeit an, und die Uhren liefen nicht weiter. Bis zum Sieg des gerechten Mannes.
>
> Ojoj![286]

Das Sinken des Wasserspiegels in der Mikwe hat Pinches einige zusätzliche ruhige Nächte beschert, und so schläft er an diesem Abend

> [...] süß ein, und vielleicht deshalb, weil beim Umdrehen sein letzter unwillkürlicher Blick auf den gewaltigen Hügel fiel, den Branas Gesäß trotzig auf der ausgeblichenen Decke abzeichnete, träumte er in dieser Nacht vom Berg über der Stadt Gabaon, von siegreichem Kampf und Wundern, die der Herr für jene vollbringt, die ihn lieben.[287]

člověka říditi se jimi a pracovat všemi silami o jejich uskutečnění. Pán je k němu posílá. Ale o podrobnosti provedení se Bůh nestará a také starati nemůže. Ty jsou již věcí člověka a na něm jest přetvořiti svět kolem sebe tak, aby se v něm mohla boží vůle vyplniti." In Olbracht 2001a: 221f.

(Anm. d. Übers.: Die deutschsprachigen Zitate aus *Golet v údolí* wurden der vorliegenden Übersetzung des Prosazyklus *Die traurigen Augen* (Olbracht 2001b) entnommen.)

286 In Olbracht 2001b: 68f. Orig.: „A jak Pinches Jakubovič hledí před sebe a jak se jeho zrak smutně sune po stráních a zastavuje se na vrcholu Menčulu, vzpomíná si náhle na horu nad Gabaónem.

„Jozua byl velký bojovník, Srule!"

Ale Srula Nachamkesa Jozua nezajímá. Ani se neptá, proč právě o něm Pinches mluví. Kovář Srul Nachamkes je amhorec, člověk prostý a neučený, a neví, že to byl Jozua, který, když bitvu jižjiž vítěznou hrozila přerušiti noc, volal velkým hlasem: „Slunce zastav se nad Gabaónem a měsíc nad údolím Ajalón!" A Bůh kvůli svému spravedlivému učinil zázrak: zastavilo se slunce a zastavil se měsíc. Zastavil se čas a hodiny nepostupovaly. Až do vítězství muže spravedlivého.

Ojoj!" Hervorhebungen von O.Z. In Olbracht 2001a: 253. Hinter dem Vokativ „Slunce" fehlt im Text ein Komma.

287 In Olbracht 2001b: 86. Orig.: „Pinches Jakubovič sladce usnul a snad také proto, že jeho poslední bezděčný pohled při obracení padl na převelký kopec, který na vyrudlé

Die zitierte Passage verdeutlicht zugleich das Prinzip, welches der humorvollen und tragikomischen Stimmung der beiden ersten Erzählungen zugrunde liegt. Dieses besteht in einer Travestierung des alttestamentarischen Mythos.[288] Der ernste, ja sogar monumentale und mit einer jahrtausendealten Tradition beschwerte alttestamentarische Stoff wird als Interpretationsschema auf banale Situationen aus dem Alltagsleben der armen Juden angewendet, die durch solch eigentümliche Figuren wie Bajnyš Zisovič, Pinches Jakubovič oder dessen Weib Brana repräsentiert werden. Die Juden sehen die Welt durch das Prisma der eigenen kulturellen Tradition, mit deren Hilfe sie selbst die trivialsten Begebenheiten des Lebens interpretieren. Nur so kann Pinches in der ausgeblichenen, vom Gesäß seiner unbefriedigten Frau geformten Decke einen Hügel erblicken, der ihn in freier Assoziation in einen Traum vom Berg zu Gabaon gleiten lässt.

Eine wichtige Rolle kommt darüber hinaus dem Erzähler zu, der die jüdische Sicht auf die Welt weder anficht noch sich vorbehaltlos mit dieser identifiziert, sie aber vor allem in keiner Weise bagatellisiert oder lächerlich macht. Sein Umgang mit ihr ist liebenswürdig und voll nachsichtigen Verständnisses für die Sorgen, die die Figuren durchmachen. Dies lässt die Differenz zwischen der Bedeutungsschwere des alttestamentarischen Mythos und den alltäglichen Problemen, die die einzelnen Figuren zu lösen haben, auf natürliche Weise hervortreten. Am aussagekräftigsten ist hierbei das Schicksal Pinches Jakubovičs. An seinem Lebensleid sind gleich zwei Umstände beteiligt: Er ahnt, dass er ein Lamet Waw sein könnte, „einer der sechsunddreißig von Gott Auserwählten, von denen die Bewahrung oder die Vernichtung der Welt abhängt".[289] Am liebsten würde er sich daher voll und ganz frommen Betrachtungen hingeben, wäre da nicht Brana, die vormals kinderlose Witwe, mit der ihn seine Mutter einst nach Polana verheiratet hat:

> Zu ebendieser Zeit verheiratete die Mutter Pinches Jakubovič. Nach Polana. Das er niemals zuvor gesehen hatte.

---

pokrývce vzdorně nakreslily hýždě Braniny, zdálo se mu té noci o hoře nad městem Gabaónem, o vítězném boji a o zázracích, které činí Hospodin kvůli těm, kdož ho milují." In Olbracht 2001a: 266.

288 Vgl. Opelík 1967: 33. Opelík erwähnt die Travestierung des alttestamentarischen Mythos im Kontext einer Gesamtinterpretation von *Událost v mikve* als Variation der biblischen Geschichte von Josuas Sieg. Es zeigt sich jedoch, dass dieses Prinzip vor allem in den ersten beiden Erzählungen als universelles Mittel zum Erzielen von Komik und zur Schaffung von Distanz gegenüber dem pathetischen Tonfall des Textes eingesetzt wird.

289 In Olbracht 2001b: 41. Orig.: „[...] jeden z třiceti šesti vyvolenců božích, na nichž závisí zachování či zničení světa". In Olbracht 2001a: 233.

Ojojojoj!

Mit Brana Schlojmovičová, einer kinderlosen Witwe, die dort ein Häuschen hatte, eine Kuh und zwei Streifen Land. Die er ebenfalls niemals zuvor gesehen hatte.

Joj!

Oj, Brana, böse Frau! Bist du es nicht, die wie eine Eselsmühle am Bein des Pinches Jakubovič hängt und es ihm nicht erlaubt sich zu erheben und, ohne es zu ahnen, den Fortbestand der Welt gefährdet?[290]

Pinches zieht es geistig empor zu Gott, doch Brana ist eine typische jüdische Frau, entschlossen, energisch und pragmatisch, die den frommen Mann mit der ihr eigenen Kraft auf die Erde herabzieht, sodass der zerknirschte Pinches nur noch sieht, „wie alles Erhabene und Heilige, das sich ihm von oben näherte, wieder irgendwo in schrecklichen Höhen verschwindet, und es bleibt nur Erde, Erde, Erde, und ihre Grundfeste erbeben"[291]. Brana möchte Kinder gebären, weil jedes weitere Kind die Wahrscheinlichkeit erhöht, dass der erwartete Messias zur Welt kommt, und sie sich danach sehnt, Mutter des Messias zu sein. Pinches wiederum betet zu Gott, dass dieser doch endlich den Messias schicken möge, denn nur darin sieht er Hoffnung, nicht so oft und regelmäßig seinen ehelichen Pflichten nachkommen zu müssen, auf denen Brana „zäh, unerbittlich und rasend"[292] besteht. In der Erzählung wird der Tag geschildert, an dem Brana in die Mikwe geht, um sich zu reinigen. Pinches, der sich „fürchtet [...]; als wolle ihn immer jemand schlagen", fürchtet sich an diesem Tag „noch zehnmal mehr, und der ängstliche Zug, der an seinen Mundwinkeln haftet, hat sich bereits am Morgen dort festgesetzt, kaum daß er die Augen öffnete und ihm bewußt wurde, welch ein Tag ihn heute erwartete".[293] Das Maß

[290] In Olbracht 2001b: 55f. Orig.: „Zrovna tenkrát matka Pinchesa Jakuboviče oženila. Do Polany. Kterou předtím jakživ neviděl.
Ojojojoj!
S Branou Šlojmovičovou, bezdětnou vdovou, která tu měla domek, krávu a dva proužky pole. Kterou předtím také jakživ neviděl.
Joj!
Oj, Brano, ženo zlá! Nejsi ty to, kdo visíš jako žernov osličí na nohou Pinchesa Jakuboviče, nedovolujíc mu vznésti se a ohrožujíc, aniž to sama tušíš, trvání světa?" In Olbracht 2001a: 243.

[291] In Olbracht 2001b: 68. Orig.: „[...] jak vše vznešené a svaté, jež se k němu shůry blížilo, zas mizí kdesi v úžasných výškách a že zbývá jen země, země, země a její základy že se otřásají". In Olbracht 2001a: 252.

[292] In Olbracht 2001b: 68. Orig.: „houževnatě, neúprosně a zuřivě". In Olbracht 2001a: 252.

[293] In Olbracht 2001b: 50. Orig.: „Pinches Jakubovič se bojí; jako by ho stále chtěl někdo uhodit. Bojí se celý život. Ale dnes se bojí desateronásobně, a úzkostlivý rys, který mu tkví v koutcích rtů, usadil se tam již ráno, sotvaže otevřel oči a ujasnil si, jaký den ho to dnes čeká". In Olbracht 2001a: 239.

der Angst, die Pinches vor seiner Frau empfindet, potenziert sich noch, als er sieht, wie Brana sich am Abend, umgeben von einer Kinderschar, unerbittlich der Mikwe nähert:

> Brana! Neben ihr hüpft der sechsjährige Benci (oj, weh, wie irrte sich Pinches Jakubovič, als er ihm den Namen Benjamin gab, in der Annahme, nach ihm werde niemand mehr kommen), und der vierjährige Mendl trippelt, und im Arm hält Brana die kleine Hudja und in der Hand einen Korb Kartoffeln, und mit dem Arm, der das Kind umfaßt, hält sie eine Hacke. Sie sieht aus wie Judith mit dem Haupt des Holofernes und dem Schwert. Ihre Beine sind wie Ahornstämme und ihre Brüste voll wie zwei Weizensäcke, und ihr Bauch, der zwölf Jungen und drei Mädchen geboren hat, verkündet herausfordernd, daß er noch nicht von seinem guten Werk abzulassen gedenkt. Siehe da, Brana! [...]
>
> Auf der Stirn des Pinches Jakubovič zeigen sich kleine Schweißperlen.[294]

In Pinches' Augen nimmt die Frau geradezu monströse Dimensionen an. Er sieht in ihr eine blutrünstige Judith, die mit solcher Entschlossenheit ihr Ziel verfolgt, dass nichts und niemand sie aufhalten kann. Der Humor dieser Szene tritt erst mit dem Abstand hervor, den der Erzähler bzw. Leser zu dem gesamten Bild hat. Dazu trägt u. a. die Verwendung der erlebten Rede [polopřímá řeč] bei, die zwar Einblick in die Gedankengänge der Figuren gewährt, gleichzeitig jedoch unablässig den Abstand vom erzählten Geschehen spürbar werden lässt. Definitiv abgeschlossen wird die Geschichte des Lamet Waw Pinches Jakubovič erst in der Schlusserzählung. In dieser fungiert sie als vereinzeltes humoristisches Element, das den sonst in diesem Prosatext überwiegenden ernsthaften Ton zumindest kurzzeitig auflockert. Es handelt sich um das Gespräch mit dem Engel der Träume. In dieser Szene steht der Schneider Pinches in zerrissenen Unterhosen vor einem Engel. Weil es in der Stube kalt ist, sitzt der Engel und wärmt sich am Ofen die Füße. Er beginnt zu Pinches zu sprechen, „am Anfang würdig, obwohl ein sitzender Engel, der sich seine Füße wärmt und etwas über die Schulter spricht, nicht sehr feierlich aussieht“.[295] Zu-

---

294 In Olbracht 2001b: 63f. Orig.: „Brana! Vedle ní poskakuje šestiletý Benci (oj, ve, kterak se mýlil Pinches Jakubovič, když mu dával jméno Benjamin, domnívaje se, že po něm nepřijde už nikdo) a cupká čtyřletý Mendl a v náručí nese Brana malou Hudju a v ruce košík bramborů a paží, kterou objímá dítě, drží motyku. Vypadá jako Judit s hlavou Holofernovou a s mečem. Její nohy jsou jako javorové pně a její ňadra plná jako dva pytle pšenice a její život, který porodil dvanáct chlapců a tři dívky, vyzývavě hlásá, že se ještě dlouho nehodlá vzdát svého dobrého díla. Hle Brana! [...]
Pinchesovi Jakubovičovi vyvstávají na čele drobounké perličky potu.“ In Olbracht 2001a: 249.

295 In Olbracht 2001b: 236. Orig.: „Anděl promluvil. Zpočátku důstojně, třebaže anděl sedící, ohřívající si nohy a mluvící trochu přes rameno, velebně nevypadá“. In Olbracht 2001a: 372.

nächst bestätigt er, was Pinches bereits seit Längerem ahnt: dass Pinches ein Lamet Waw ist. Anschließend eröffnet er ihm die schreckliche Neuigkeit, dass er ein stellvertretendes Opfer fordert, damit der Herr das vom Zionismus verführte Polana retten könne. Und schließlich geht er zu einem ganz und gar vertraulichen Ton über. Mit kindlich-trotzigem Zorn erklärt er Pinches:

> „[...] Laß mich schon in Frieden mit dem Messias und beklage dich nicht mehr! Wer soll sich das zweimal wöchentlich anhören, Deine Mahnungen, Deine Lästerungen und Drohungen? Ich weiß doch am besten, was ich mit meinen Juden vorhabe und wann ich ihn schicken soll. Die Sache hat keine Eile und meine Engelsboten auch nicht. Und zum dritten: Du irrst dich gewaltig, wenn du denkst, daß ich die Brana in einen Fisch verwandele. Sie wird teilhaftig der himmlischen Ehren gemeinsam mit dir. Man sieht, wie du mich noch immer mißverstehst. Warum habe ich Brana erschaffen? Damit sie im Schweiße ihres Angesichts dein Brot verdient. Aber alles hat seine Grenzen. Schneidere ein bißchen! Salomon Fux hat sich hinten die Hose durchgewetzt, begib dich zu ihm wegen Arbeit! Und daß du hier vor meinem Boten in derart zerrissener Wäsche herumschlotterst, dafür solltest du, ein Schneider, dich schämen!“[296]

Das Gespräch ist in dieser Form de facto eine Parodie auf die alttestamentarischen Dialoge des Herrn mit dem Menschen. Pinches erfährt zwar, dass er ein Lamet Waw ist, gleichzeitig kommt er jedoch um die einzige Hoffnung, an die er sich die ganze Zeit geklammert hat: wenigstens nach dem Tod Ruhe vor Brana zu haben. Die Differenz wird auch im Vergleich zu Manns Joseph deutlich, zu dem Gott z. B. in Form von Träumen spricht. Sowohl bei Joseph als auch bei Pinches handelt es sich vom Typ her um von Gott erwählte Einzelne. Pinches ist sogar zweifach erwählt. Einmal als Jude, d. h. als Angehöriger des auserwählten Volkes, zum anderen als Lamet Waw. In Manns Tetralogie wird die Atmosphäre des alttestamentarischen Mythos durch essayistische, stellenweise nahezu wissenschaftliche Einschübe des Erzählers, gelegentlich auch durch Reflexionen der Figuren durchbrochen und relativiert. Die Ebene des Erzählers funktioniert in Manns Roman relativ eigenständig. In den Prosatexten in *Golet v údolí* ist die Ausgangssituation eine andere. Die jüdischen Figuren leben in einer geschlossenen Welt, sie sind sich ihrer kulturellen Traditionen

[296] In Olbracht 2001b: 237f. Orig.: „„[...] Dej mi už pokoj s Mesiášem a neobtěžuj! Kdo má dvakrát týdně poslouchat tvé upomínání, rouhání a vyhrožování?! Vím sám nejlépe, jaké mám úmysly se svými Židy a kdy ho mám poslat. Pak tě nemají zábsti nohy a anděla také. A za třetí: tuze se mýlíš, myslíš-li si, že proměním Branu v rybu. Bude účastna slávy nebeské stejně s tebou. Je vidět, jak stále ještě mi málo rozumíš. Proč jsem stvořil Branu? Aby v potu tváře dobývala chléb tvůj. Ale všechno má meze. Krejčuj trochu! Salamon Fux si vzadu prodřel kalhoty, jdi si k němu pro práci! A že tu před mým poslem přešlapuješ v takhle rozsápaném prádle, za to se ty, krejčí, trochu styď!‘“ In Olbracht 2001a: 373.

bewusst und interpretieren das, was um sie herum geschieht, mithilfe des alttestamentarischen Mythos. Sie sehen jedoch nicht, dass ihre Probleme und Lebenssituationen sich von denen ihrer Vorfahren unterscheiden. Diese Erkenntnis ist erst dem Erzähler und Leser zugänglich. Allein aufgrund ihres Horizonts, der nicht über die Grenzen der eigenen Gemeinschaft hinausreicht, können die Polanaer Juden, als abermals schnell ein Rabbiner in die Gemeinde geholt werden muss, „den wilden Galopp von Zisovičs Julča in der Morgendämmerung und Bajnyš wie auf einem Kriegswagen stehen [sehen], die Zügel fest in der Hand und die Peitsche über dem Kopf schwingend"[297]. Der Leser weiß hierbei schon aus der ersten Erzählung, dass Julča „nur wenig größer [ist] als eine Ziege, aufgebläht wie ein Fußball, schmutzverkrustet, mit eingeknickten Knien, mindestens zwanzig Jahre alt, das rechte Auge weiß, der Hals aufgescheuert vom Tragen der feuchten Säcke mit Käse von den Almen [...]".[298]

Die Figuren der drei Prosatexte nehmen sich selbst und gegebenenfalls auch andere als Träger mythischer Rollen wahr. Olbrachts Erzählweise deckt dabei konsequent die Beschränkungen auf, mit denen man sich abfinden muss, will man die Figuration seiner einfachen Helden in diesen Rollen akzeptieren. Das Hauptaugenmerk der Geschichten liegt dabei weniger auf der Darstellung Pinches Jakobovičs als Josua, Bajnyš Zisovičs als Abraham bzw. als Krieger auf

---

[297] In Olbracht 2001b: 76. Orig.: „[...] celá [...] obec vidí ten zběsilý trysk Zisovičovy Julči jitřním šerem a [...] státi Bajnyše jako na válečném voze, třímajícího otěže a točícího nad hlavou koně bičem". In Olbracht 2001a: 258.

[298] In Olbracht 2001b: 32. Orig.: „o něco větší[] než koza, nadmut[á] jako kopací míč, špinav[á], s koleny pokleslými, alespoň dvacetilet[á], s bělmem na pravém oku a s krkem opruzeným od vožení pytlů s vlhkým sýrem z polonin [...]". In Olbracht 2001a: 227. Vgl. auch Olbracht 2001b.: 274 bzw. (tschech.) Olbracht 2001a: 398. Auf dieser Seite wird das Bild Bajnyšs auf dem Kriegswagen in der Erzählung *O smutných očích Hany Karadžičové* fast wörtlich wiederholt. Die wichtigste Modifikation besteht darin, dass Bajnyš dort bereits ganz konkret als Juda, als Träger von Jakobs wichtigstem Segen, stilisiert wird. Die Juden haben erneut die Herbeiholung eines Rabbiners in die Gemeinde gefordert, als sie erfahren haben, dass Ivo Karadžič kein Jude ist bzw. dass er sich von seinem Judentum losgesagt hat. Diesmal begibt sich Bajnyš jedoch nicht auf den Weg. Die Wiederholung dieser Passage, bei der es sich um eine an den neuen Kontext angepasste Variation handelt, belegt die feine motivische Verknüpfung der einzelnen Prosatexte: „Und fürwahr, die Gemeinde sah schon im Geiste die Julča vom Zisovič in aller Eile durch die Morgendämmerung galoppieren und sah den Bajnyš **wie Juda** auf dem Kriegswagen **im Tal von Ajalon**, die Zügel haltend und die Peitsche schwingend über dem Kopf des Pferdes." (Orig.: „A věru obec již v duchu vidí zběsilý trysk Zisovičovy Julči jitřním šerem a vidí Bajnyše **jako Judu** na válečném voze **v údolí ajalonském**, třímajícího otěže a točícího nad hlavou koně bičem.") Hervorhebungen von O.Z.

dem Kriegswagen oder Branas als Judith. Wesentlich ist vielmehr die Bizarrheit der analogen Situationen, in denen sich die einfachen Juden mit den mythischen Figuren der eigenen Vorfahren identifizieren.[299] So kann man sich den zerlumpten Bajnyš wohl kaum ohne ein Schmunzeln im Gesicht als erhabenen Jakob vorstellen, als er auf einem Krautfass in der Diele mit seinem geliebten erstgeborenen Sohn Chaimek spricht.[300] Bajnyš wehrt sich mit aller Kraft gegen die maßlose – an den biblischen Jakob wie auch an Manns Jaakob erinnernde – Liebe, von der er dabei ergriffen wird, weiß er doch allzu gut, dass er nur für seine jüngsten Kinder etwas zu essen hat und Chaimek hungrig bleiben muss: „Wie schön du bist, Josef, Sohn Jakobs! Und Bajnyš Zisovič fühlt: [...] wenn ihn dieser liebliche Mund noch länger weise anlächeln wird, als zulässig ist, dann wird sich die weiche Welle, die ihm übers Rückgrat rieselt, in etwas verwandeln, was er sich jetzt nicht leisten kann."[301] Auf ebendiesen und ähnlichen Widersprüchen, die erst in der Konfrontation mit dem faktischen Stand der Dinge, der armseligen Realität, deutlich hervortreten, beruht der Humor der ersten beiden Erzählungen.

Die fiktive Welt, in der sich die Geschichten der ersten zwei Erzählungen abspielen, ist den Figuren eng vertraut. Dies verbindet sie auf einer allgemeinen Ebene mit Manns Joseph. Sie sind von der Existenz Gottes und von ihrer eigenen Auserwähltheit überzeugt, was ihnen eine noch bessere Orientierung in dieser Welt ermöglicht. Der alttestamentarische Mythos dient ihnen als Reservoir, das verschiedene Mustersituationen einschließlich der geeignetsten Lösungen für diese bietet. Sie sind bereit, in allen Situationen eine Gelegenheit zu erblicken, die sie zu ihren Gunsten wenden können. Da sie aus den Erfahrungen ihrer Vorfahren schöpfen, können sie von einem Moment zum anderen jede beliebige mythische Rolle als die ihre annehmen. Der Mythos erfüllt eine Interpretations-, Erkenntnis- und Orientierungsfunktion, vor allem aber fungiert

[299] Etwas anders verhält es sich in der Erzählung *O smutných očích Hany Karadžičové*, siehe Abschnitt 6.4 *Ivo Karadžič und Hana Karadžičová – die Leugnung der mythischen Identität*, S. 116ff.

[300] Vgl. dazu auch GW IV 1990: 70, Kap. *Der Vater*. Das entsprechende Kapitel der Josephstetralogie enthält eine lange detaillierte Beschreibung des Äußeren von Manns Jaakob, als dieser sich bei Mondschein Joseph nähert, um am Brunnen mit ihm zu sprechen.

[301] In: Olbracht 2001b: 21. Orig.: „Jak jsi krásný, Josefe, synu Jakubův! A Bajnyš Zisovič cítí, [...] budou-li se na něho ta rozkošná ústa moudře usmívati déle, než je přípustno, že se měkká vlna, která mu probíhá páteří, promění v něco, co si nyní přáti nemůže." In Olbracht 2001a: 219.

er als Gegenpol zur faktischen Realität und als Mittel zum Erzielen der oben beschriebenen humorvollen Stimmung in den ersten beiden Erzählungen.

6.2 Der Erzähler

Das Gesamtbild der in *Golet v údolí* entworfenen fiktiven Welt setzt sich wie ein Mosaik aus den einzelnen Prosatexten des Bandes zusammen, wobei es sich stets um eine Art von mythischer Welt handelt. Fester Bestandteil dieser Welt sind Elemente des alttestamentarischen Mythos, die sich insbesondere in der Mentalität der Polanaer orthodoxen Juden manifestieren. Die Prosatexte werden – mit ähnlichen Mitteln wie in *Nikola Šuhaj loupežník* – aus der Perspektive dieser chassidischen Juden erzählt.[302] Dabei ist jedoch immer der bereits erwähnte Abstand des Erzählers vom Gegenstand des Erzählens spürbar. Dieser rückt *Golet v údolí* in die Nähe von Manns Tetralogie[303] und ist zudem eine der Voraussetzungen für die humoristische Färbung, die für die ersten beiden Erzählungen des Zyklus charakteristisch ist.[304]

Die Erzählstrategie verändert sich im Laufe der Prosatexte allmählich. Am auffälligsten ist hierbei der Unterschied zwischen *Zázrak s Julčou* und *Událost v mikve* einerseits und *O smutných očích Hany Karadžičové* andererseits. *Zázrak s Julčou* besteht – insbesondere in der ersten Texthälfte – aus einer Folge von Dialogen zwischen den einzelnen Figuren, die in direkter Rede vorgebracht werden. Der Erzähler greift nur mittels kurzer Kommentare ins Geschehen ein. Für den Leser entsteht so der Eindruck, als spiele sich alles unmittelbar im jeweiligen Moment ab. Das Erzähltempo ist sehr schnell und an einigen Stellen geht die direkte Rede fließend in Erzählerrede oder erlebte Rede [polopřímá řeč] über. So z. B. in einer Szene zu Beginn der Erzählung, in welcher der Ladeninhaber Salomon Fux mit Bajnyš Zisovič über den Preis einer Ware verhandelt:

> „Sie, Šulem, es ist wirklich ernst. Die Kinder haben wirklich nichts gegessen. Es sind doch nur lumpige fünf Kronen, und ich arbeite sie ab ..."
>
> „Nein."
>
> „Erbarmen Sie sich meiner Familie, Šulem!"
>
> Aber das ist ein zu starkes Wort, und solche Ausdrücke kann Salomon Fux nicht vertragen. Er fängt an zu schreien. Jetzt habe er aber genug, weil sich das jede Woche zweimal wiederhole, und wenn Bajnyš was abzuarbeiten habe, dann die alte

302 Vgl. Abschnitt 5.1 *Erzähler und Erzählstrategie* im Kap. zu *Nikola Šuhaj loupežník*, S. 68ff.

303 Vgl. Abschnitt 3.4 *Der Erzähler – Abstand vom Mythos* im Kap. zu *Joseph und seine Brüder*, S. 43ff.

304 Viele Merkmale der Erzählstrategie wurden bereits in Abschnitt 6.1 *Der alttestamentarische Mythos in den Erzählungen*, S. 91ff. des vorliegenden Kapitels, erwähnt.

Schuld, und er stehle auch nicht und Schluß und genug und: „Keinen einzigen Heller mehr, und wenn du dich aufn Kopf stellst!“[305]

Zázrak s Julčou ist eine anekdotische Erzählung mit einem einfachen Handlungsverlauf und einem unkomplizierten Plot. Typisch für diese Erzählung ist ihre Unmittelbarkeit, insbesondere in der ersten Texthälfte die Konzentration auf den Handlungsverlauf sowie die Vermittlung eines Einblicks in die Spezifika der jüdischen Mentalität.[306]

Die Übernahme der jüdischen Perspektive durch den Erzähler ist ein charakteristischer Zug aller drei Prosatexte. Dennoch weicht die Erzählweise in *Událost v mikve* leicht von der der ersten Erzählung ab. Von einem anekdotischen Charakter ließe sich hier nur noch in Verbindung mit Pinches Jakubovič sprechen. Dessen Geschichte kulminiert jedoch erst im dritten Prosatext, wo sich in dem bereits erwähnten Gespräch mit dem Engel der Träume die Tragikomik von Pinches' Lebensschicksal mit der tatsächlichen Tragödie der gesamten jüdischen Gemeinde verbindet. Zu einem Vergleich mit Manns Roman *Joseph und seine Brüder* bietet sich insbesondere die Eingangspassage der Erzählung an, in der der Erzähler die Bedeutung des Ritualbades für die jüdische Gemeinschaft erläutert.[307] Ähnlich wie in der Tetralogie schließt der Er-

---

[305] In Olbracht 2001b: 10. Orig.: „‚Vy, Šuleme, je to opravdu vážné. Děti opravdu nejedly. Vždyť je to hloupých pět korun a já si je odpracuju…‘
‚Ne.‘
‚Smilujte se nad mou rodinou, Šuleme!‘
Ale tohle je příliš silné slovo a takové výrazy Salamon Fux nesnáší. Začíná křičet. Že už toho má zrovna dost, protože se to opakuje každý týden dvakrát, a když si má Bajnyš něco odpracovat, tak znova, a že on také nekrade a konec a dost a: ‚Vůbec už ani haléř, a kdyby ses na hlavu postavil!‘“ In Olbracht 2001a: 210f.

[306] Vgl. die jüdische Sicht auf die Welt, die im vorliegenden Kapitel in Abschnitt 6.3 *Die Welt mit den Augen der Polanaer Juden*, S. 106ff., beschrieben wird.

[307] In Olbracht 2001b: 43–50 bzw. (tschech.) Olbracht 2001a: 234–239. Efraim Israel (1995) überprüft *Událost v mikve* wie auch die anderen beiden Prosatexte des Bandes unter dem Aspekt ihrer sachlichen Richtigkeit bei der Darstellung der jüdischen Welt. Olbracht hatte mütterlicherseits jüdische Wurzeln, wuchs jedoch in einem von der westlichen Kultur geprägten Umfeld auf und war zudem überzeugter Kommunist. Seine künstlerische Darstellung des orthodoxen Judentums ist laut E. Israel im Detail (z. B. in der Frage der rituellen Reinheit der Mikwe) oftmals sachlich unrichtig, im Ganzen sei Olbracht jedoch auf intuitivem Wege eine sehr glaubwürdige Darstellung vom Wesen des Judentums gelungen.
Anja Tippner (2012) betrachtet Olbrachts Darstellung des Ostjudentums unter dem Aspekt des Orientalismus. Olbracht näherte sich den karpatoukrainischen Juden aus der Position eines assimilierten tschechischen Juden (der orthodoxe Chassidismus war ihm also genauso fern wie einem christlichen Tschechen). Laut Tippner möchte Olbracht die Andersartigkeit dieser Welt einfangen, dies geschehe jedoch oftmals auch mittels gängiger Stereotypen.

zähler hier durch Verwendung des Pronomens „wir“ ein Bündnis mit dem impliziten Leser und distanziert sich von der Welt des jüdischen alttestamentarischen Mythos:

> Sicher. Das Geheimnis der Mikwe kann man auch mit rationalistischen Methoden angehen. Aber, Hand aufs Herz: haben wir uns ihm dadurch genähert? Nicht einen Fingerbreit. Im Gegenteil. Und wahrlich mehr Verständnis für den heiligen Schauer des Geheimnisses als wir kalten Rationalisten zeigt nach dem Gesetz des Hasses der dumme Pöbel (möge der Herr ihn strafen!), der hinter den vernagelten Fenstern und im feuchten Halbdunkel des Bades seine unsinnigen Erzählungen über Ritualmorde, über Sezierungen bei lebendigem Leibe und über den Ausschank von Blut christlicher Jungfrauen spielen läßt. Denn indem wir nicht begreifen wollen, daß das Geheimnis auf ganz anderen Bahnen verläuft als jenen, zu denen uns der Verstand hinführt, entfernen wir uns von ihm um so weiter, je mehr wir auf ausgefahrenen Gleisen fahren, die Draisine des Verstandes antreibend. Es geht nicht um Erkenntnis. Es geht um Gefühl. Aber wir verwechseln das Geheimnis mit etwas lediglich Unbekanntem.[308]

Mit dem Wort „Geheimnis“ thematisiert der Erzähler im obenstehenden Zitat den Mythos und dessen Rolle in der Welt seines Erzählens.[309] Dabei stößt er auch auf die Tatsache, dass sich auf eine Welt, in der die Logik des religiösen Mythos gilt, die Regeln des Verstandes nicht anwenden lassen. Ein solches Vorgehen käme einem Angriff auf diese Welt gleich. Die Träger der in dieser Welt

---

[308] In Olbracht 2001b: 47f. Orig.: „Jistě. Na tajemství mikve možno jíti také metodami racionalistickými. Ale přiznejme se: přiblížili jsme se mu? Ani o makové zrnečko. Naopak. A věru více pochopení pro svatou hrůzu tajemství než my, studení racionalisté, projevuje po zákonu nenávisti bláznivá chátra (nechť ji Bůh trestá!), která za zabedněná okna a do vlhkého šera lázní umisťuje své nesmyslné povídačky o rituálních vraždách, o pitvání zaživa a o čepování krve z křesťanských panen. Neboť nechtíce pochopiti, že tajemství leží na zcela jiné trati, než kudy jezdívá rozum, vzdalujeme se mu tím více, čím více je honíme po vyježděných kolejích, popohánějíce drezínu rozumu. Nejde o věc poznání. Jde o věc cítění. Ale my zaměňujeme tajemství s věcí pouze neznámou.“ In Olbracht 2001a: 237f. Vgl. Abschnitt 3.4 *Der Erzähler – Abstand vom Mythos* im Kapitel zu *Joseph und seine Brüder*, S. 43ff. Die zitierte Passage enthält u. a. eine Verteidigung des Judentums gegen Pogrome und konstruierte Prozesse vom Typ der sogenannten „Hilsneriade“. (Anm. d. Übers.: Der jüdische Schuster Leopold Hilsner war 1899 zu Unrecht des Ritualmordes an einem katholischen Mädchen angeklagt und zunächst zum Tode, dann zu lebenslanger Haft verurteilt worden.) U. a. diese Passage konnte im nazistischen Deutschland als Vorwand für die Verbrennung von Olbrachts Büchern dienen.

[309] Vgl. Pohorský 1974: insbes. 265–267 wie auch Pohorskýs Nachwort zu einer der tschechischen Ausgaben von *Nikola Šuhaj loupežník*, Pohorský 1975: insbes. 220. Pohorský rückt in Bezug auf Olbracht den Mythos in die Nähe von Geheimnis, Mysterium, Rätsel und Wunder. Thomas Mann wiederum sieht im Mythos ein Kleid, welches die Realität verhüllt. Vgl. Abschnitt 3.1 *Erzählen als Fest und als Reise in die Vergangenheit* im Kapitel zu *Joseph und seine Brüder*, S. 25.

geltenden Regeln sind die chassidischen Juden, die diese allein durch ihre Disziplin gültig erhalten. Die Welt des Mythos wird in den drei Prosatexten dadurch relativiert, dass sie von der Existenz des religiösen Menschen abhängig ist. Die fiktive mythische Welt findet ihre definitive Legitimierung erst durch eine spezifische Form menschlichen Denkens und durch Reflexion der eigenen individuellen Rolle in der Welt.

In der genannten Eingangspassage erläutert der Erzähler zudem auch den Unterschied zwischen der profanen und der sakralen Bedeutung des Ritualbades. Bezeichnend ist hierbei die Wichtigkeit, die er der Unterscheidung dieser beiden Bedeutungen beimisst. Der Erzähler nimmt eine klare Trennung zwischen der Welt des religiösen Mythos und der rationalen, andersgläubigen oder sogar glaubenslosen Welt vor. Damit bereitet er den Boden für die Erzählung *O smutných očích Hany Karadžičové*, in der diese beiden Welten miteinander konfrontiert werden und sich in offenem Konflikt begegnen. In *Událost v mikve* wird die Differenz zwischen beiden Welten nur im Rahmen der Erzählerrede konstatiert. Die einzelnen Figuren leben bis dahin in Unwissenheit, einschließlich Pinches Jakubovičs, der erst im letzten Prosatext als einziger der orthodoxen Juden das in der Gemeinde herrschende Chaos wie auch dessen Lösung in einem breiteren Kontext zu sehen vermag. Laut dem Erzähler könnte man die Mikwe z. B. so betrachten, dass

> dies eine Hütte mit vernagelten Fenstern ist, innen unterteilt in zwei Hälften, daß in der einen, schwarz verräucherten, der Halunke Riva Buchenscheite in den Ofen wirft und Wasser im Kessel erhitzt und daß im Halbdunkel der anderen zwei Holzwannen stehen, in denen sich die Frauen allmonatlich der Reste ihres Blutes entledigen, daß in der Erde ein Becken für vierzig Eimer Wasser ausgehoben ist und sich am Rand des Beckens ein Gebirge aus Stearin und Talg mit den Resten schwarzer Dochte befindet, was daher rührt, daß die Frauen bei ihren rituellen nächtlichen Bädern das Ende einer Kerze auf die Stummel der übrigen geklebt haben ...[310]

Gleich darauf drängt sich ihm jedoch die Frage auf: „Wissen wir dadurch schon etwas über die Mikwe?" und es folgt die lakonische Antwort: „Nicht das Geringste!"[311] Zum Verständnis ihrer religiösen Bedeutung ist es erforderlich,

---

[310] In Olbracht 2001b: 43f. Orig.: „[...] je to chýše se zabedněnými okny, uvnitř rozdělená napůl, a v té jedné, do černa vyuzené, že hází hanebník Riva do pece buková polena a ohřívá v kotli vodu, a v šeru té druhé že stojí dvě dřevěné vany, v nichž se každého měsíce zbavují ženy zbytků své krve, v zemi že je vyhloubena nádrž se čtyřiceti vědry vody a na okraji té nádrže že jest pohoří stearinu a loje se zbytky černých knůtků, to od toho, jak ženy při rituálních nočních koupelích nalepovaly oharky jedné svíčičky na nedopalky ostatních..." In Olbracht 2001a: 234f.

[311] In Olbracht 2001b: 44. Orig.: „Ale: víme už něco o mikve? Ani zbla!" In Olbracht 2001a: 235.

sich von der sachlich beschreibenden Sicht zu lösen und stattdessen Empathie für den religiösen Menschen zu entwickeln. Zu dieser Einfühlung ist der Erzähler imstande, er verweist jedoch weiterhin auf den Widerspruch zwischen der Welt, wie die orthodoxen Polanaer Juden sie wahrnehmen, und der Welt, wie sie aus der Perspektive anderer Menschen erscheint. Obgleich er sich gemeinsam mit dem impliziten Leser der zweiten Gruppe zuordnet, übernimmt er für sein Erzählen zu einem Großteil die Perspektive der Juden und ihre Sicht auf die Welt. Gerade aus dieser kontinuierlich aufrechterhaltenen Spannung entsteht eine Reihe humorvoller und komischer Situationen, die mit ironischer Distanz erzählt werden.

Kontinuierlich deckt der Erzähler in den Prosatexten auch die Spezifika der jüdischen Mentalität auf. In *Zázrak s Julčou* ist dies Wahrnehmung der Welt als formbare Materie, welche u. a. in einer typisch jüdischen Art des Handeltreibens zum Ausdruck kommt.[312] In *Událost v mikve* enthüllt er die Mentalität der chassidischen Juden in Bezug auf Gott und den Glauben, indem er mehrere Varianten vergleicht, wie mit den Juden aus der übergeordneten Position einer geistigen Autorität (z. B. Baal Schem Tovs, des Begründers des Chassidismus) bzw. aus der Position Gottes selbst kommuniziert werden könne. Konkret geht es darum, wie man die Juden dazu bringen könne, sich im Reinigungsbad – der Mikwe – auch wirklich regelmäßig zu waschen und diese nicht ausschließlich für eine mysteriöse geistige Angelegenheit zu halten, die lediglich Anlass für eine neue rituelle Zeremonie bietet. Thematisiert wird hierbei der Kommunikationsakt selbst wie auch die Umstände, die entweder zum Erfolg oder zum Misserfolg des Sprecherappells beim Adressaten führen. So darf man mit den Juden nicht bildhaft sprechen, denn sie würden zum Beispiel bei den Worten

> „[...] Sauberkeit ist die halbe Gesundheit!" [...] bis aufs Blut darüber streiten, ob der Ausdruck „Gesundheit" denn „Ewigkeit" oder Gottes „Weisheit" bedeute, und in diesem Satz eine Gruppe von drei oder fünf Buchstaben entdecken, die gar keine Buchstaben sind, sondern ein unermeßlich tiefes Geheimnis, dessen versteckter Sinn sich niemals ergründen läßt, aber über das es ein ganzes Menschenleben zu grübeln lohnt – aber waschen würden sie sich dennoch nicht.[313]

---

312 Vgl. dazu näher Abschnitt 6.3 *Die Welt mit den Augen der Polanaer Juden*, S. 106ff. des vorliegenden Kapitels.

313 In Olbracht 2001b: 44f. Orig.: „Svatí zákoníci, [...] a především Baal Šem Tov, [...] [v]ěděli například, kdyby byli řekli: ‚[...] čistota je půl zdraví!', že by Židé [...] se do krve přeli, zda výraz ‚zdraví' znamená ‚věčnost' či boží ‚moudrost', a že by byli v té větě našli skupinu tří nebo pěti písmen, která ani žádnými písmeny nejsou, nýbrž jakýmsi nesmírně hlubokým

Ebenso ist es wahrscheinlich, dass sie aus den scheinbar kurzen und klaren Worten

> „Daß ihr euch ja jeden Freitag wascht!" [...] eine rührende Zeremonie mit Wehklagen oder Jauchzen gemacht [hätten], [...] sie würden bei der Waschung der Wasser gedenken, über denen sich am Anfang der Geist Gottes erhob, der Wasser, die unter dem Stoß von Moses Stab aus dem Felsen brachen, der Wasser des Roten Meeres, die vom Herrn mit einem Ostwind geteilt wurden, [...] aber aus der eigentlichen Absicht wäre allenfalls ein Benetzen dreier Finger übriggeblieben, feierlich eingetaucht in ein kleines Gefäß mit Wasser.[314]

Beide Kommunikationsstrategien würden zwangsläufig zu Missverständnissen und Fehlinterpretationen führen. Und so stellt sich heraus, dass man mit den Juden „[w]eitaus bestimmter und strenger" reden muss.[315] Am besten in der pathetischen Sprache des Alten Testaments:

> Ich, euer Herr und Gott, der ich die Sterne auf der Himmelsbahn entzünde und auslösche, der Heilige und Ewige, der ich eure Väter aus dem Land Mizraim und aus dem Hause der Fron geführt habe, spreche also zu euch: Errichte, Israel, in jeder Gemeinde, und natürlich auch in Polana, ein Bad und mach darin ein Becken für vierzig Eimer Wasser, und jeder, der mir wohlgefallen will, möge dort jeden Tag baden, und die Halunken, denen es nur darum geht, meinem furchtbaren Zorn zu entgehen, wenigstens einmal in der Woche, am Freitag vor dem Sabbat![316]

– Wobei es den Polanaern (bis auf wenige Ausnahmen) genügt, „wenn sie Seinem Zorn entgehen"[317].

---

tajemstvím, jehož skrytého smyslu se nikdy nedopátráš, ale nad nímž hloubati stojí přec za námahu celého lidského života, – ale že by se přesto nemyli." In Olbracht 2001a: 235.

314 In Olbracht 2001b: 45. Orig.: „[...] také věděli, kdyby byli nařídili stručně a jasně: ‚Ať se mi každý pátek omyjete!', že [...] by [...] učinili dojemný obřad s kvílením či s plesáním [...], že by při omývání vzpomínali na vody, nad nimiž se na počátku vznášel Duch boží, na vody trysklé ze skály pod udeřením hole Mojžíšovy, na vody moře Rudého, rozdělené Hospodinem větrem východním, [...] ale z vlastního úmyslu že by zbyla nejvýše štipka z tří prstů slavnostně namočená v nádobce s vodou." In Olbracht 2001a: 235f.

315 In Olbracht 2001b: 45. Orig.: „S Polanskými třeba mluviti jinak. Mnohem určitěji a přísněji." In Olbracht 2001a: 236.

316 In Olbracht 2001b: 45f. Orig.: „Já, Hospodin Bůh váš, který rozsvěcuji a zhasínám hvězdy na dráze nebeské, svatý a věčný, který jsem vyvedl vaše otce ze země Mizraim a z domu služby, k vám mluvím takto: Zřiď, Izraeli, v každé obci, a ovšem také v Polaně, lázně a v těch sdělej nádrž na čtyřicet věder vody a každý, kdo se mně bude chtít zalíbiti, se tam koupej každý den, a ohavníci, kterým půjde jen o to, aby se vyhnuli strašlivé prchlivosti mé, alespoň jednou za týden, v pátek před šábesem!" In Olbracht 2001a: 236.

317 In Olbracht 2001b: 47. Orig.: „[...] stačí jim, vyhnou-li se jeho prchlivosti". In Olbracht 2001a: 237.

Der Erzähler legt also einen systematischen Überblick über die Möglichkeiten vor, wie man sich mit den Polanaer Juden am erfolgreichsten verständigen könne. Durch die mit Abstand, quasi aus der Vogelperspektive, erfolgende Abwägung verschiedener Alternativen rückt dieser Teil der Erzählung deutlich in die Nähe von Manns Tetralogie.[318] Und auch für *Golet v údolí* als episches Ganzes ist er nicht ohne Bedeutung. Der Erfolg oder Misserfolg der Kommunikation zwischen verschiedenen Welten ist nämlich das grundlegende Thema der abschließenden Erzählung *O smutných očích Hany Karadžičové*. In dieser kommt es zu einem schwerwiegenden Konflikt direkt im Inneren der jüdischen Gemeinde, die erst mit der zionistischen Bewegung, später auch mit dem Phänomen des Atheismus konfrontiert ist. Der Humor und ironische Abstand, der auch in den oben zitierten Passagen zum Ausdruck kommt, ist für die Geschichte Hana Karadžičovás nicht mehr charakteristisch. Dies ist eine Folge von Olbrachts primärer Entscheidung, die Prosatexte aus der jüdischen Perspektive zu erzählen. Die Spaltung, welche der bis dahin einträchtigen jüdischen Gemeinde droht, darf, wenn sie nicht in vulgärer Weise lächerlich gemacht und damit die bisherige Position des Erzählers verleugnet werden soll, nicht bagatellisiert werden.

6.3 Die Welt mit den Augen der Polanaer Juden

Golet v údolí ist eine sensible Annäherung an die Mentalität der karpatoukrainischen Juden und ihre Wahrnehmung der umgebenden Welt. Jeder der drei Prosatexte bringt dabei einen neuen Aspekt in das Gesamtmosaik ein. Der erste wichtige Aspekt kommt bereits in der Erzählung *Zázrak s Julčou* zum Tragen. Am Beispiel der Denkweise Bajnyš Zisovičs wird deutlich, dass die jüdischen Figuren die Welt als formbare Materie betrachten, die man nach seinem Bilde gestalten kann. Man muss sie kneten wie weiches Wachs, bevor es erkaltet, denn

> [e]s ist ein Irrtum, zu meinen, die Welt sei das, womit sie sich unseren Sinnen darbietet, etwas Fremdes, etwas Festes, etwas von unserer Arbeit Unabhängiges. Nichts derlei. Die Welt ist das, was wir selber aus ihr machen! Und auch der Augenblick ist das, was wir aus ihm machen. Und auch die Dinge sind so und die Menschen.[319]

---

[318] Vgl. z. B. die Passage über die fünf oder sieben mageren Jahre in Ägypten, die in Abschnitt 3.4 *Der Erzähler – Abstand vom Mythos* im Kapitel zu *Joseph und seine Brüder*, S. 47, erwähnt wird.

[319] In Olbracht 2001b: 28f. Orig.: „Je omyl domnívati se, že svět je to, čím se našim smyslům jeví, něčím cizím, něčím pevným, něčím na naší práci nezávislým. Nic podobného. Svět je

Alles kann als Mittel zum Erreichen des gesteckten Ziels dienen. Das grundlegende Prinzip zur Regelung zwischenmenschlicher Beziehungen ist in diesem Sinne der Handel. Die Juden kennen seine Regeln sehr gut. Dies zeigt sich auch beim gegenseitigen Handeltreiben. Der Handel ist nicht nur Arbeit, sondern auch ein unterhaltsames Vergnügen, und zwar für beide am Kauf bzw. Verkauf beteiligten Parteien. Unter anderem deshalb kann Bajnyš zusammen mit anderen Juden im Kramladen des Salomon Fux täglich aufs Neue den Preis für die Ware aushandeln, er kann Nachbarn und vor allem Nachbarinnen abklappern, um möglichst umsonst etwas Essbares für seine Familie aufzutreiben. Diese Form des Handels ist fester Bestandteil des Lebens, denn „ein Handel ohne Vergnügen ist vielleicht ein Geldverdienen, aber kein Handel"[320]. Alles, was auf dem Prinzip des Handels basiert, ist ein Spiel und es ist jeder einzelnen Partei selbst überlassen, was sie sich von ihrem Gegenspieler gefallen lässt. Aufgabe eines jeden Juden ist es, die bereits abgesteckten Grenzen unablässig zu prüfen, denn nichts ist so fest, wie es auf den ersten Blick scheint. Es genügt, wachsam zu sein, die Welt mit scharfen Augen zu beobachten und im richtigen Moment zu begreifen, dass das, was gerade geschieht, ein Wunder ist, gesandt von Gott, der „noch keinen seiner Juden vor Hunger umkommen lassen"[321] hat. Eine solche Gelegenheit sind für Bajnyš die zwei Touristen, die naiverweise glauben, die Juden schon zu gut zu kennen, um sich noch hereinlegen zu lassen. Doch „[i]n diesem Augenblick beg[innt] der Kopf von Bajnyš Zisovič fieberhaft zu arbeiten".[322] Bajnyš begreift sofort, was Gottes Absichten sind, und beginnt „mit allen Kräften für ihre Verwirklichung zu arbeiten".[323]

---

to, co si z něho sami uděláme! A také chvíle je to, co si z ní uděláme. A také věci to jsou a také lidé." In Olbracht 2001a: 224. Diesen Gedanken äußerte Olbracht schon in *Nikola Šuhaj loupežník*: „Die Angelegenheiten sind Werke des Ewigen, sie sind zum Trost und zur Freude der Kinder Gottes erschaffen. Und es gibt wahrhaftig keine größere Freude, als sie zu beherrschen und in Gang zu bringen." In Olbracht 1989: 64f. (Orig.: „Věci jsou díla Věčného a byly stvořeny k potěšení božím dětem. A není věru větší radosti než hrát si a hýbati jimi." In Olbracht 2001a: 52). Am deutlichsten wird dies in Verbindung mit der Figur des wohlhabenden Juden Abraham Beer, dem sehr an der Ergreifung Šuhajs gelegen ist und der dieses Ziel auf jede erdenkliche Weise zu erreichen sucht.

320 In Olbracht 2001b: 5. Orig.: „[...] obchod bez zábavy je snad vydělávání peněz, ale žádný obchod." In Olbracht 2001a: 207.

321 In Olbracht 2001b: 37. Orig.: „[...] Hospodin nedal ještě žádnému ze svých Židů zahynouti hladem". In Olbracht 2001a: 230.

322 In Olbracht 2001b: 25. Orig.: „V té chvíli počala hlava Bajnyšova horečně pracovat." In Olbracht 2001a: 221.

323 In Olbracht 2001b: 25. Orig.: „[...] pracovat všemi silami o jejich uskutečnění." In Olbracht 2001a: 222.

Die Juden kennen ihren Gott sehr gut, sie wissen, was er mit ihnen für Absichten hat, und sind in der Lage, die Zeichen, über die er mit ihnen kommuniziert, sofort zu erkennen. Typologisch rücken sie damit in die Nähe von Manns Joseph, der ebenfalls jede Gelegenheit zu seinen Gunsten und zu seinem persönlichen Wachstum zu nutzen weiß. Im Unterschied zu den Polanaer Juden verwendet Joseph seine Fähigkeiten jedoch schließlich zum Nutzen ganzer Nationen – er wird deren Ernährer. Die Polanaer Juden hingegen denken sehr provinziell und pragmatisch und sind ausschließlich auf die Absicherung der eigenen Familien bedacht. Die Welt, in der sie leben, ist bar jeden Pathos. Nichts gibt es im Überfluss, um alles muss gekämpft werden, und hat man es einmal, muss man es akribisch schützen und verbergen. Jede Möglichkeit, ihre Situation zu verbessern, nehmen sie als Hierophanie Gottes in der profanen Welt wahr.[324] Bajnyš Zisovič nutzt seine Gelegenheit, er bekommt von wohlhabenden Gojim eine gehörige Summe Geld, und so bleibt am Ende der Erzählung, deren Hauptfigur er ist, nur noch zu konstatieren:

> Das Wunder ist vollbracht. Die Ekstase ist vergangen. Der feurige Busch in der Wüste, in dem sich ihm der HERR offenbarte, ist niedergebrannt, und die Wüste hat wieder die nüchterne Beleuchtung des Alltags angenommen. Und ihre Formen sind hart geworden wie erkaltetes Wachs, das sich nicht mehr kneten läßt. Bis der HERR es wieder befehlen wird.
>
> Sein Name sei gepriesen![325]

In *Událost v mikve* wird die Idee der formbaren Welt weiterentwickelt und um das Motiv einer Dualität von materieller Welt und freier Seele ergänzt. Nachdem sich herausgestellt hat, dass die Mikwe unrein ist, fordern alle Juden (mit Ausnahme Pinches Jakubovičs), schnell einen Rabbiner nach Polana zu holen. Es macht sich jedoch lange niemand auf den Weg, denn „Taten, mögen sie auch eilig und dringlich sein, vollziehen sich in der Phantasie dessen, der sie leidenschaftlich fordert, doch unendlich schneller als in der Wirklichkeit, denn die Seele kennt keine Hindernisse, die die stoffliche Welt jedoch hat, leider, und

---

324 Vgl. Eliade 1985: 23–29. Der archaische oder religiöse Mensch lebt in einer Welt, die inhomogen ist, da sich in ihr Bruchstellen befinden, durch die das Heilige in diese Welt eindringt. Dieses Eindringen des Heiligen in die Welt wird als Hierophanie oder Theophanie bezeichnet.

325 In Olbracht 2001b: 39. Orig.: „Zázrak je dokonán. Zanícení pominulo. Ohnivý keř na poušti, v němž se mu zjevil Hospodin, dohořel, a poušť zase nabyla střízlivého osvětlení všedního dne. A její tvary ztvrdly jako zchladlý vosk, který se již nedá hnísti. Dokud opět nerozkáže Pán.
Jeho jméno budiž pochváleno!" In Olbracht 2001a: 232.

zwar allzu viele"[326]. Auch beim Singen eines religiösen Liedes fühlt Pinches Jakubovič, „daß seine Seele frei und von keinem irdischen Geschöpf abhängig ist, rein und heilig, daß es zwischen ihr und ihrem Gott keine Hindernisse gibt und sich ihren Gebeten keine feierliche Wolke in den Weg stellt, die sie in sich aufsaugen und nicht mehr loslassen würde [...]".[327] Besagtes Lied ist auch zur Charakterisierung des Verhältnisses wichtig, das die Juden zu ihrem Gott haben. So hat der Herr nämlich verboten, den Text dieses einzigen auf Aramäisch verfassten Gebets ins Hebräische zu übersetzen - und zwar „[w]egen der Engel", denn „[e]r wollte nicht, daß die Engel, die nur Hebräisch sprechen, dieses Lied verstehen, damit sie nicht eifersüchtig auf den Menschen würden und ihm seine enge Beziehung zum Herrn neideten".[328] Durch dieses Detail nähert sich die hier entworfene Ordnung der Welt an das Konzept an, welches Thomas Mann in seiner Tetralogie entwickelt.[329] Es entsteht dasselbe Dreieck, an dessen verschiedenen Eckpunkten sich Gott, Engel und Mensch befinden. Zwischen Gott und dem Menschen besteht ein sehr vertrauliches Verhältnis, um das ihn die Engel beneiden.

Die privilegierte Beziehung zu Gott grenzt die jüdische Identität gegenüber anderen religiös wie auch national definierten Gemeinschaften ab. Die Polanaer Juden nehmen sich selbst als auserwähltes und gesegnetes Volk wahr, das in der Welt eine Ausnahmestellung einnimmt.[330] Dieses Motiv ist in den ersten beiden Texten in impliziter Weise präsent. Problematisiert und damit

---

[326] In Olbracht 2001b: 90. Orig.: „Činy, byť i rychlé a naléhavé, probíhají ve fantazii těch, kdož po nich vášnivě volají, přec jen nekonečně rychleji než ve skutečnosti, neboť duše nezná překážek, hmotný svět jich však má, žel, až příliš mnoho." In Olbracht 2001a: 268. Das Motiv der Dualität ist möglicherweise von Manns Tetralogie inspiriert. Vgl. Fußnote 107, S. 33.

[327] In Olbracht 2001b: 88. Orig.: „[...], že jest jeho duše svobodná a na žádném pozemském tvoru nezávislá, že je čistá a svatá, že mezi ní a jejím Bohem není překážky a že se jejím modlitbám nestaví v cestu žádný nepřátelský mrak, který by je do sebe vpíjel a dále nepouštěl [...]". In Olbracht 2001a: 267.

[328] In Olbracht 2001b: 87. Orig.: „Kvůli andělům. Nechtěl, aby andělé, mluvící jen hebrejsky, rozuměli této písni, aby žárlili na člověka a záviděli mu jeho úzký vztah k Hospodinovi." In Olbracht 2001a: 266.

[329] Vgl. Abschnitt 3.2 *Die Struktur der mythischen Welt* im Kapitel zu *Joseph und seine Brüder*, S. 27ff.

[330] Das Motiv der Auserwähltheit und Segnung haben die Erzählungen auch mit den anderen hier besprochenen Texten gemeinsam. Das Bewusstsein über die eigene Besonderheit erlaubt es Manns Joseph, das Leben und die umgebende Welt als Mittel zum eigenen Wachstum wahrzunehmen. Alles geschieht aus dem Willen Gottes. Šuhaj wiederum ist überzeugt, dass er seine Macht von Gott erhalten hat, der seine schützende Hand über ihn hält.

stärker in den Vordergrund gerückt wird es jedoch erst in der letzten Erzählung, *O smutných očích Hany Karadžičové*. Die Titelheldin dieser Erzählung ist im orthodoxen Milieu Polanas aufgewachsen. Aufgrund ihrer Erziehung ist sie wie die anderen Juden fest davon überzeugt, als Jüdin anderen Menschen überlegen zu sein. Noch kurz vor ihrer Abreise nach Mährisch Ostrau wird sie von ihrem Vater ermahnt:

> „[...] vergiß nirgends, daß du eine Tochter Israels bist, und wenn du einem Goi begegnest, und wäre es ein noch so mächtiger und reicher und sogar ein Fürst, gib ihm die Antwort, welche ihm gebührt, achte ihn höher, als ihm zusteht, aber vergiß niemals, daß du mehr bist als er. Daß du eine Jüdin bist. Daß du ein königliches Kind bist. Daß du keinen Herrn kennst außer deinem Gott dem Herrn [sic!]. [...]"[331]

Die Polanaer Juden nehmen die umgebende Welt zwar als formbare Materie wahr, dennoch gibt es in ihr einen unhinterfragbaren Fixpunkt: ihren Glauben und ihre unerschütterliche Beziehung zu Gott. Die wichtigste mythische Rolle, die die einzelnen jüdischen Figuren in den drei Prosatexten einnehmen, ist daher ihre Rolle als Jude und die Teilhabe am leidvollen Schicksal des jüdischen Volkes. Die jüdischen Figuren stehen unablässig in Verbindung mit ihren Vorfahren - nicht umsonst heißt Hanas Großvater Abram.[332] Gleichzeitig ist ihr Augenmerk jedoch stets auf die Zukunft gerichtet, auf die noch ungeborenen Nachkommen, von denen einer mit Gewissheit der Messias sein wird. Unter diesem Aspekt lässt sich die passionierte und in den Augen Pinches Jakubovičs nahezu blutrünstige Brana als typische jüdische Frau verstehen, die lediglich die Erfüllung dessen herbeisehnt, worauf alle Juden im „Golet" - der Diaspora - schon so lange warten.[333] Die Juden nehmen ihre Gemeinschaft als eine Kette wahr, deren Glieder weit in die Vergangenheit wie auch in die Zukunft reichen. In *Golet v údolí* reißen die Glieder dieser Kette gleich zweifach: einmal durch die Verunreinigung des Ritualbades, zum zweiten Mal durch Hana, die ihr jüdisches Umfeld verlässt. Im ersten Falle genügt zum Schließen der Kette Milch, im zweiten muss ein rituelles Begräbnis ausgerichtet werden, denn in den Augen der Polanaer Juden ist Hana tot. Die Gemeinde verabschiedet sich

---

331 In Olbracht 2001b: 202. Orig.: „„[...] Nezapomeň nikdy, že jsi dcerou Izraele. A setkáš-li se s góji, a byť byli sebe mocnější a bohatší a třeba i knížaty, vzdej jim poctu, která jim náleží, vzdej jim i větší, než jim náleží, ale nezapomeň, že jsi více než oni. Že jsi Židovka. Že jsi dítě královské. Že neznáš pána kromě svého Hospodina. [...]"" In Olbracht 2001a: 347f. Vgl. Josephs Sehnsucht, in Ägypten nur dem Höchsten zu dienen, Abschnitt 3.3 *Mythische Identität* im Kapitel zu *Joseph und seine Brüder*, S. 39ff.

332 Vgl. die Rolle Abrahams in *Joseph und seine Brüder*, Abschnitt 3.1 *Erzählen als Fest und als Reise in die Vergangenheit*, S. 20ff.

333 Vgl. GW V 1990: 1533–1572, *Thamar*.

von ihr und stößt ihren leblosen und verdorbenen Körper aus ihrem Kreise aus. Die Juden

> verneigten sich und sprachen im klagenden Rhythmus das Totengebet, welches Israel dreimal betet, wenn die mit Essig und Eiweiß besprengte Leiche aus dem Hause getragen wird: nicht mehr ein Mensch, sondern ein unreines Stück menschlichen Fleisches, umkreist in diesem Augenblick von Dämonen [...] Und sich verneigend, völlig in sich gekehrt und unbekümmert um die Unreinheit, welche sie in diesem Augenblick aus ihrer Mitte hinausstießen, riefen sie und jammerten [...].[334]

Auch Hanas Eltern gelten nun als tot und müssen sich wie Tote unter den Lebenden bewegen. Die Tochter hat ihnen mit ihrem Entschluss ähnliche Schmach zugefügt, wie ihr Großvater einst einem Soldaten, auf den er urinierte, nachdem ihnen dieser die Gaststube verwüstet hatte:

> Das war keine Schmähung eines menschlichen Gesichts. Das war keine Rache. Was Hanele sah, war etwas Schrecklicheres als Mord.
>
> [...] Menschenwasser [...] konzentriert in sich all[e] [...] Unreinheit, ist Extrakt aller Unreinheit, ist am unreinsten von allen unreinen Sachen. Und ein Mensch, von ihm befleckt, hört auf, ein Mensch zu sein.[335]

Ein solcher Mensch ist zu keinerlei geistigem Leben mehr fähig. Von ihm bleibt nichts als eine leere Hülle, eine lebende Leiche.

Die fiktive Welt der orthodoxen Juden, die in den ersten beiden Erzählungen entworfen wird, ist konsequent von der umgebenden Welt isoliert. Selbst die Armut, in der die Juden leben, wird, anders als in *Nikola Šuhaj loupežník* und in Olbrachts Reportagen, nicht als Problem in einem breiteren sozialen Kontext verstanden, das es in der ganzen Karpatenukraine zu lösen gilt. Für die Juden ist die Armut ein selbstverständlicher Teil des Lebens im „Golet". Es gibt nichts, was die Autonomie der jüdischen Bevölkerung grundlegend stören könnte. In den ersten beiden Erzählungen werden daher die

---

334 In Olbracht 2001b: 301. Orig.: „[...] muži, kývajíce se a v rytmu naříkajíce, se modlili pohřební modlitbu, kterou Izrael třikrát říká v chvíli, kdy pokropiv octem a vaječným bílkem mrtvolu, vynáší ji z domu: ne již člověka, nýbrž nečistý kus lidského masa, obletovaný v té chvíli démony [...]. A kývajíce se, zcela v sebe obráceni a nevšímajíce si nečisté, kterou v této chvíli vymítali ze svého středu, volali a kvíleli [...]". In Olbracht 2001a: 418.

335 In Olbracht 2001b: 131f. Orig.: „To nebylo potupení lidské tváře. To nebyla pomsta. Co Hanele viděla, bylo něco strašlivějšího než vražda. [...]
Lidská voda [...] v sobě soustřeďuje všechnu [...] nečistotu, jest výtažkem vší nečistoty, jest nejnečistější ze všech věcí nečistých. A člověk jí potřísněný přestává býti člověkem."
In Olbracht 2001a: 297f.

Grenzen der fiktiven Welt der jüdischen Enklave in keiner Weise überschritten. In *Zázrak s Julčou* erklärt sich Bajnyš das Erscheinen der beiden Goi-Touristen problemlos als Wunder und in *Událost v mikve* begibt er sich zwar über die Grenzen Polanas hinaus, jedoch nur, um den Rabbiner aus der benachbarten jüdischen Gemeinde zu holen. Alles spielt sich also konsequent innerhalb der Grenzen der jüdischen Enklave ab. Die nichtjüdischen Bewohner Polanas werden bis dahin mit keinem Wort erwähnt. Das in *Událost v mikve* dargestellte Problem ist ein rein jüdisches, denn: „[...] wie kann man den Menschen des Westens, die an ihren engen Gassenhorizont gewöhnt sind, den Begriff der Mikwe näherbringen, wie den Gehirnen, die nur auf technischen Fortschritt fixiert sind, unfähig, die Tiefe des Geheimnisses zu begreifen, sogar an der Existenz des Geheimnisses selbst zweifelnd?“[336] Im Rahmen von Chassidismus und alttestamentarischem Mythos gibt es jedoch für das geschilderte Problem eine Musterlösung: Die Mikwe muss mit vierzig Eimern Milch gefüllt werden, um sie auf diese Weise zu reinigen. An diese Lösung halten sich die Juden im Moment der Krise, und so kann die ursprüngliche Ordnung der Dinge wiederhergestellt werden.

In der Erzählung *O smutných očích Hany Karadžičové* wird die fiktive Welt bereits erweitert und ist nicht auf die vom orthodoxen Judentum gesteckten Grenzen beschränkt. Es zeigt sich, dass die Juden auf die Konfrontation mit der umgebenden moderneren und profaneren Welt nicht vorbereitet sind. In ihre geschlossene Welt bricht ein unbekanntes Element ein, das mit seiner Fremdartigkeit und Modernität Spannung und Chaos hervorruft. „Nach Polana drang der Unglaube ...“ und „[d]ieser Unglaube nannte sich Zionismus“[337]. In der bislang einträchtigen Gemeinde kommt es zu einer Spaltung. Hana, die durch den unglücklichen Umgang ihres Vaters mit dem Familienvermögen ihre Aussteuer verloren hat, wird eine Chaluza, Mitglied einer zionistischen Organisation, die junge Menschen auf die Auswanderung nach Palästina vorbereitet. Einzig und allein im Verlassen der Gemeinde sieht sie eine Chance, ihrer trostlosen Zukunft in Polana zu entkommen, wo sie ohne Aussteuer niemand heiraten würde. Šlojme Kac, der um sie wirbt, ist ebenso arm wie sie und als Bräutigam für Hanas Eltern gänzlich inakzeptabel. Hana fährt als Delegierte des ge-

---

336 In Olbracht 2001b: 43. Orig.: „Bože, jak přiblížiti pojem mikve lidem západu, zvyklým na uzounké uliční obzory, a jak mozkům, zaměřeným jen na pokroky techniky, neschopným pochopiti hlubokost tajemství, ba pochybujícím o jsoucnosti tajemství vůbec?“ In Olbracht 2001a: 234.

337 In Olbracht 2001b: 153. Orig.: „Do Polany proniklo nevěrectví... [...] To nevěrectví se jmenovalo sionismus.“ In Olbracht 2001a: 313.

spaltenen Polana nach Mährisch Ostrau und lebt dort in einer Gemeinschaft junger Juden, die sich auf die Reise nach Palästina vorbereiten. Als Einzige verlässt sie damit die Sicherheit der geschlossenen Welt, und ihre orthodoxe Mentalität wird mit der modernen Welt konfrontiert. Sie ist gezwungen, einige Grundsätze aufzugeben, deren Einhaltung in der modernen Welt wenn nicht unmöglich, so doch zumindest sehr schwierig ist. Sie muss die Regeln ihrer Welt gegen die moderne Welt verteidigen, die auch ohne strenge religiöse Dogmata funktioniert. Es kommt zu einem Konflikt zwischen der streng sakralen und der profanen Welt. Hana lernt den atheistischen Juden Ivo Karadžič kennen. Als sie feststellt, dass er sein Judentum freiwillig aufgegeben hat, ist sie schockiert. Abfall vom jüdischen Glauben und – schlimmer noch – Atheismus ist für diese Polanaer Jüdin das Schrecklichste, was ein Mensch tun kann. Sie sieht jedoch, dass Ivo trotz seines Atheismus ein erfolgreicher, fröhlicher und aufrichtiger, vor allem aber rein und hingebungsvoll liebender Mensch ist.

Die Liebe zwischen Ivo und Hana ist ein Gefühl, das die vom Glauben gesetzten Barrieren überwindet. Dass diese Liebe sich entfalten kann, ist vor allem Hanas Verdienst, denn Ivo weigert sich, nachzugeben und zu seinen jüdischen Wurzeln zurückzukehren. In Hana meldet sich zwar die warnende Stimme ihres Großvaters Abram zu Wort, sie ist jedoch entschlossen, mit allem, was dazu gehört, die Rolle des Opfers anzunehmen. Ihr Schicksal war bereits in dem Moment entschieden, als sie sich zur Reise nach Mährisch Ostrau meldete. Nun führt sie ihren Bräutigam nach Polana und ist bereit, alles, was sie erwartet, auf sich zu nehmen. Kurz vor der Ankunft in Polana sagt sie zu Ivo: „[…] ‚Du bist wie sie [die Polanaer Juden], sie sind wie du, so gebt ihr niemals nach, weil ihr denkt, daß die Welt untergeht. Ich stehe zwischen euch, und für mich wird es am schwersten sein. […]'"[338] Hana ist eine Jüdin, die die Möglichkeit hatte, die Welt außerhalb des orthodoxen Polana kennenzulernen. Das Einzige, wonach sie sich sehnt, ist aufrichtige Liebe zu einem nahestehenden Menschen. Dieser werden jedoch sowohl von der einen als auch von der anderen Seite Steine in den Weg gelegt. Die Worte, die sie kurz vor der Ankunft in ihrem Geburtsort zu Ivo spricht, klingen wie eine resignierte Beschuldigung beider Seiten für deren extremen Dogmatismus, der immer diejenigen am meisten trifft, denen er am fernsten liegt. Die Situation ist in ihren Details für Hana äußerst unüberschaubar. Dank ihrer Unvoreingenommenheit und Hingabe ist sie aber dennoch imstande, das Wesen des Konflikts zu erfassen. Hana ist die

[338] In Olbracht 2001b: 245. Orig.: „[…] ‚Jsi jako oni, oni jako ty, neustoupíte nikdo, protože si myslíte, že by se zbořil svět. Já jsem mezi vámi a mně bude nejtíž. […]'" In Olbracht 2001a: 378.

Einzige, die Zugeständnisse macht. Für Ivo gibt sie ihren Glauben auf, findet sich mit ihrem Schicksal ab und greift nicht mehr aktiv ins Geschehen ein. In Polana lässt sie zu, dass ihre Familie sie vor Ivo versteckt, und als sie in der Schlussszene die Gemeinde verlässt, ist ihr Körper quasi leblos. Sie geht „Schritt um Schritt, ohne sich der Schritte bewußt zu sein".[339] In diesem Moment ist sie weder des Denkens noch der Erinnerung fähig. Allein Pinches Jakubovič ist als Lamet Waw imstande, die Situation rational (Hana denkt und handelt nur nach Gefühl) aus der Perspektive des alttestamentarischen Mythos zu interpretieren. Er sieht in Hana das Versöhnungsopfer, das der Herr durch den Mund des Engels der Träume gefordert hat, damit die Sünden des vom Götzendienst des Zionismus infizierten Polana getilgt werden können. Pinches schaut

> auf das Mädchen, das den Weg in den Tod ging, schrecklicher als der Geharnischte, Feuer und Grab, den Tod aller Tode, den Tod der Seele, und er sieht es anders als die übrigen Polanaer:
>
> Schau, du Lamm Gottes, welches auf sich genommen hat die Sünden Israels! Jene Allereinzigste für alle! Schau, das höchste Opfer, gelegt auf den Altar des Herrn als ehrende Sühne. Groß, ewig, heilig, unerforschlich ist Gott der Herr von Anfang an. Sein Name sei gepriesen![340]

Mit der Tragik ihres persönlichen Schicksals durchlebt und symbolisiert Hana Schicksal und Leiden des gesamten jüdischen Volkes.

Die geschlossene jüdische Gemeinschaft ist einem Kompromiss unzugänglich, weil die Schemata des alttestamentarischen Mythos, die das Skelett ihres Denkens bilden, Derartiges nicht zulassen. Nur Pinches Jakubovič ist imstande, die Situation mit der Tradition der Vorfahren zu verbinden, er muss jedoch schweigen, denn dies ist das Los eines jeden Lamet Waw. Die Hoffnung, dass auch die anderen in Hana ein Opfer sehen, das sie erlöst hat, ist verschwindend gering. Die Juden kehren zurück in ihre hermetisch geschlossene Welt und überdauern als Enklave auf einer der letzten kleinen orthodoxen Glaubensinseln. Die jüdische Welt wird der profanen Welt gegenübergestellt,

---

339 In Olbracht 2001b: 303. Orig.: „Krok za krokem, nevědouc o tom, že kráčí, […]". In Olbracht 2001a: 419.

340 In Olbracht 2001b: 303. Orig.: „Ale Pinches Jakubovič, hledě na dívku jdoucí na smrt hroznější než oděnec, než oheň a hrob, na smrt všech smrtí, na smrt duchovní, vidí jinak než ostatní Polanští:
Hle, kozička boží, která sňala hříchy Izraele! Ona samojediná za všechny! Hle, největší všech obětí, kladená na oltář Hospodinův o slavnosti smíření. Velký, věčný, svatý, nevyzpytatelný jest Hospodin Bůh zástupů. Jeho jméno budiž velebeno!" In Olbracht 2001a: 419.

die jedoch leider um nichts weniger radikal und ihrerseits auf eine andere Kultur und andere Regeln nicht vorbereitet ist. Der sich nur zwischen den Juden abspielende Konflikt ist leicht zu lösen, problematisch wird es, als zu seiner Lösung ein Kompromiss eingegangen und die Andersartigkeit einer anderen Kultur bzw. eine mit der jüdischen Glaubenspraxis unvereinbare persönliche Entscheidung von Individuen respektiert werden muss. Dies führt zur offenen Konfrontation. Der Vertreter der anderen Welt wird als Feind bzw. als Abtrünniger wahrgenommen, der das letzte Angebot einer Rückkehr zu seinen Wurzeln vehement abgelehnt hat. Die Welt der orthodoxen Juden ist mit der umgebenden profanen Welt nicht vereinbar. Es ist die fiktive Welt des alttestamentarischen Mythos, die wie eine Insel von der umgebenden Welt isoliert ist. Erst in Konfrontation mit dieser zeigt sich am deutlichsten ihr geschlossener Charakter.

Der Schluss der Erzählung ist kontrovers, weil er auf die Unduldsamkeit und Kampfbereitschaft der Polanaer jüdischen Gemeinde verweist. Aus den Reihen junger Juden werden Rufe nach der alttestamentarischen Todesstrafe durch Steinigung laut, Holzstücke fliegen durch die Luft, die Menge ist aufgebracht, ja sogar fanatisch. Ivo, der nie eine orthodoxe Erziehung genossen hat, kann nicht einschätzen, wie weit die Juden zu gehen imstande sind. Zur Verteidigung zieht er eine Pistole: „‚Wer noch einen Schritt tut, den erschieße ich.'"[341] Ein Schuss fällt letztendlich nur deshalb nicht, weil Ivo in der aufgebrachten Menge immer noch einzelne menschliche Wesen zu sehen vermag, verzweifelte Individuen, die krampfhaft verteidigen, worauf sie nach ihrem Empfinden ein heiliges Recht haben: ihren Glauben, ihren Gott und Hana, eine der königlichen Prinzessinnen. Ivo ist für sie ein „Gotteslästerer, welcher gekommen war, die Seelen zu stehlen".[342] Ivo hingegen appelliert an die Humanität aller Menschen und betrachtet diese als einander gleichgestellt. Bereits in Mähren hatte er Hanas Überzeugung von der Auserwähltheit der Juden halb im Ernst belächelt: „‚Das ist der beste Witz des Jahres ... Die ganze Welt hat Polana bereits als gleichwertig anerkannt, aber Polana ist es, welches die ganze Welt noch nicht als gleichwertig anerkennt! [...]'"[343] Nun steht er in einer aufgeheizten Situation vor den Polanaern und ist mit der harten Realität konfrontiert. Er wen-

[341] In Olbracht 2001b: 292. Orig.: „‚Každého, kdo učiní ještě krok, zastřelím.'" In Olbracht 2001a: 411.

[342] In Olbracht 2001b: 290. Orig.: „[...] jde o rouhače, který sem přišel krást duše." In Olbracht 2001a: 410.

[343] In Olbracht 2001b: 217. Orig.: „‚To je nejlepší vtip, který jsem letos slyšel... Celý svět sice Polanu za rovnocennou už uznal, ale Polana to je, která celý svět za rovnocenný ještě neuznává! [...]'" In Olbracht 2001a: 358.

det sich an sie als friedliche Mitbürger und betont damit erneut, dass es sich für ihn nicht um einen religiösen, sondern um einen rein bürgerlichen und zwischenmenschlichen Konflikt handelt. Die Juden stehen einem Juden gegenüber, der seinen Glauben freiwillig aufgegeben hat, die orthodoxe Religionsgemeinschaft ist mit dem freien Willen eines selbstbestimmten Individuums konfrontiert. Dem Schicksal und der Determiniertheit durch die Herkunft wird die Möglichkeit freier Wahl, dem kollektiven Los die Verantwortung für das eigene individuelle Leben entgegengesetzt. Gegen die Überzeugung von der eigenen Überlegenheit und Auserwähltheit steht der Appell an die einfache Menschlichkeit und Gleichheit aller Menschen. Gegen Gott stehen Bürgerlichkeit und das anderen Menschen gleichwertige menschliche Wesen. Beide Seiten arbeiten mit unvereinbaren Kategorien und können einander nicht verstehen. Beide Seiten fühlen sich bedroht. Am Ende kommen die Gendarmen, um Ivo und Hana zum Verhör abzuführen. Der Erzähler erfasst aus seiner Distanz die Bizarrheit der Situation: „Es ist wahr: Die Lösung des tragischen Streites auf dieser anderen Ebene war etwas verwunderlich, und der administrative Eingriff in sein persönliches Heldentum und den Gottesstreit war recht komisch – aber Ivo Karadžič nahm diese Lösung ganz gern an."[344] Der Konflikt bleibt offen, ungelöst und latent gegenwärtig. Olbracht hat damit in einer Zeit starker antisemitischer Stimmungen, die sich Ende der 1930er Jahre in ganz Europa breitmachten, eine Geschichte erzählt, in der die reine, hingebungsvolle und bedingungslose Liebe siegt. Das tiefe Gefühl der Jüdin Hana überwindet die Grenzen zwischen Glauben und Atheismus. Es ist ein reines Gefühl zum Menschen als solchem. Hana folgt ihrer Liebe und Ivo nimmt für sie eine große Verantwortung auf sich: Würde er sie verlassen, verlöre ihr Opfer den Sinn.

6.4 Ivo Karadžič und Hana Karadžičová – die Leugnung der mythischen Identität

Thema der Erzählung *O smutných očích Hany Karadžičové* ist laut Jiří Opelík „die Lossagung vom Glauben".[345] Bei einem Vergleich mit Thomas Manns Roman *Joseph und seine Brüder* nimmt diese Feststellung eher die Gestalt einer Frage an und wirft damit ein etwas anderes Licht auf Olbrachts Prosa.[346] Das in

---

[344] In Olbracht 2001b: 295. Orig.: „Pravda: řešení tragického sporu na dokonale jiné rovině, než na jaké byl veden, bylo trochu divné, a zásah administrativy do jeho osobního hrdinství a do boží pře byl dokonce mírně komický, – ale Ivo Karadžič přijímal tohle rozuzlení zcela rád." In Olbracht 2001a: 413.

[345] In Opelík 1967: 34.

[346] Vgl. insbes. Abschnitt 3.3 *Mythische Identität* im Kap. zu *Joseph und seine Brüder*, S. 43ff.

der Erzählung dargestellte Problem bezieht sich auf die (mythische) Identität des Menschen und lässt sich in einem Satz so zusammenfassen: Ist es möglich, sich vom Glauben und von seiner Herkunft loszusagen? Nahezu alle Figuren des Prosatexts nehmen zu diesem Thema Stellung und ihre unterschiedlichen Meinungen werden im Text miteinander konfrontiert. Eine eindeutige, explizite Antwort auf die Frage gibt der Text nicht, obschon sie der Perspektive des Erzählers inhärent ist.

Die Sicht der orthodoxen Juden auf die Sache geht bereits aus den letzten Abschnitten hervor: Ihrer Ansicht nach wird man als Jude geboren und stirbt auch als Jude. Aufzuhören, Jude zu sein, und sich von seiner Herkunft loszusagen, ist absolut unmöglich. Umso schockierender ist für die Polanaer die Begegnung mit Ivo Karadžič, einem Freidenker, der sogar auf jeglichen Glauben verzichtet – und dies ganz bewusst, nach rationaler Erwägung und aus freiem Willen. Ivo hat sich von Glauben und Tradition seiner Vorfahren emanzipiert. Er hat ein Gefühl von persönlicher Freiheit entwickelt und die Möglichkeit zu individueller Wahl erlangt. Er vertritt die humanistische Idee der Gleichheit aller Menschen und lehnt die Überzeugung von der Auserwähltheit des jüdischen Volkes ab. Er identifiziert sich mit der weltlichen Rolle eines Bürgers in einem offiziell anerkannten Staatsgebilde, und ebenso betrachtet er auch alle anderen Menschen, einschließlich der Polanaer Juden. Das orthodoxe Polana scheint ihm in der weiten Welt ein vereinzeltes Phänomen zu sein. Repräsentantin dieses Phänomens ist Hana. Diese macht er Schritt für Schritt mit einer gänzlich neuen, für sie schockierenden Sicht auf die Welt und das Leben bekannt, das sich in dieser führen lässt: „‚Hören Sie mir auf, Hana, mit diesen Polanaer Anschauungen', sagte er ihr diesmal im Café halb scherzend, halb ernsthaft. ‚Es gibt keinen Herrgott, es gibt kein Gelobtes Land, es gibt keine Christen und Juden'"[347] Ivo fühlt sich daher frei, ohne Bindung an irgendeine religiös-kulturelle Tradition, die seine Mentalität und seine alltägliche Lebensweise limitieren würde. Aus Hanas Sicht ist er ein bezaubernder junger Mann, der Frauen gegenüber aufmerksam ist und ein angenehmer Gesellschafter sein kann. Ivos Mutter betrachtet die Entscheidung ihres Sohnes, ein Mädchen aus einer orthodoxen Familie zur Frau zu nehmen, als blanke Torheit. In einem vertraulichen Gespräch mit Hana bringt sie jedoch eine neue Sicht in die Problematik ein:

[347] In Olbracht 2001b: 215. Orig.: „Dejte pokoj, Hanko, s těmi polanskými názory!' řekl jí tenkrát v kavárně půl žertem, půl vážně. ‚Není žádný Pán Bůh, není žádná zaslíbená země, nejsou žádní křesťané a židé.'" In Olbracht 2001a: 357.

„[…] Jetzt hat sich Iza gedacht, daß er ein Mädchen heiratet aus einer rechtgläubigen jüdischen Familie. […] Wenn schon fort vom Judentum, dann möglichst weit – möchte man meinen, nicht wahr? Vergangene Woche erklärte er mir irgend etwas über den reinen Zufall und über ähnliche unklugen Sachen. Aber ich sage Ihnen, mein Kind, wie die Dinge stehen und wozu er sich niemals bekennen wird: daß das Blut in ihm ruft. Trotz aller seiner Grabreden und trotz aller antisemitischen Phrasen! […]"[348]

Von der Mutter, die selbst den Glauben abgelegt hat, wird die Erblichkeit des Judentums hier paradoxerweise nicht bestritten, sondern eher bestätigt. Das Motiv vom Blut der Vorfahren klingt auch am Schluss der Erzählung an, als Hana Polana verlässt und „verzweifelt das Blut ihrer an Erniedrigung, Schmach und Leid gewöhnten Vorfahren um Hilfe" anruft.[349] Das Judentum wird hier als etwas Erbliches aufgefasst, von dem man sich nie ganz lösen kann.

Ivo deklariert seine Loslösung vom (sowohl als Religion als auch als Volkszugehörigkeit aufgefassten) Judentum nach außen hin durch die Annahme eines neuen Namens, und dies in sehr radikaler Weise.[350] Erstmals thematisiert wird Ivos Name in einem Gespräch zwischen seiner Mutter und Hana:

„[…] Vielleicht haben Sie schon gehört, daß sich Izak Kohn umbenennen ließ auf den Namen Ignac Kolben oder Josef Kastner oder auf einen anderen unauffälligen Namen, mit Gott dem Herrn, wenn Sie wollen, vielleicht Jiří Kopecký, aber sagen Sie, haben Sie vielleicht einen Izak Kohn gesehen, der sich – bei uns in Mähren! – den Namen Ivo Karadžič wählte? […]"[351]

---

348 In Olbracht 2001b: 229. Orig.: „„[…] Teď si Iza usmyslil, že si vezme dívku z pravověrné židovské rodiny. […] Když pryč od židovství, tak už hodně daleko – zdálo by se, viďte? Minulý týden mi vykládal cosi o čiré náhodě a podobné nemoudré věci. Ale já vám povím, mé dítě, co to je a k čemu on se nám nikdy nepřizná: to krev v něm volá. Přes všechny jeho pohřební řeči a přes všechny antisemitské fráze! […].'" In Olbracht 2001a: 367.

349 In Olbracht 2001b: 302. Orig.: „[…] volajíc zoufale na pomoc krev svých předků, zvyklou ponižování, potupě a utrpení, kráčela uprostřed strašlivé dědovy pohřební modlitby […]". In Olbracht 2001a: 418.

350 Vgl. das zum Namen Šuhajs gehörige Epitheton constans „loupežník" („der Räuber") wie auch Josephs Annahme eines neuen Namens für Ägypten. Siehe dazu auch die Ausführungen zur Bedeutung des Namens für den Mythos in Abschnitt 5.3 *Šuhaj – der Prozess der Herausbildung einer mythischen Identität*, S. 82f.

351 In Olbracht 2001b: 228f. Orig.: „„[…] Snad jste už také slyšela, že si Izák Kohn dal změnit jméno na Ignác Kolben nebo Josef Kastner nebo na nějaké jiné nenápadné jméno, spánembohem, když už chcete, třeba na Jiří Kopecký, ale řekněte, viděla jste již Izáka Kohna, který si dá – u nás na Moravě! – jméno Ivo Karadžič? […]'" In Olbracht 2001a: 366.

Auch Hanas Vater grübelt mehrere Tage lang über den Namen des Bräutigams nach. Er ahnt zwar, dass etwas nicht stimmt, kann sich aber nicht vorstellen, dass sich seine Hanele einen Nichtjuden zum Mann wählen würde:

> Karadžič! Karadžič! Karadžič! Nach mannigfachen Wiederholungen kennt er sich schon selber nicht mehr aus, was dieser Name bedeuten mag, und die Frau verwirrt ihn ständig mit ihrem: No, sicher! Und: Du wirst sehen! Firma Dub & Arnstein: das ließe sich wenigstens hören. Handelsvertreter: das wäre auch in Ordnung. Aber: Karadžič? Ivo? [...] Karadžič! Der Name läßt ihn nicht schlafen, quält ihn sorgenvoll. [...]
>
> „Hörtest du schon mal, daß ein Jude Ivo heißt?"
>
> „Nein, das hörte ich noch nicht."
>
> „Kann ein Jude so heißen?"
>
> „Nein, das kann er nicht", erwidert Pinches.[352]

Ivo hat sich vom Glauben losgesagt und seinen typisch jüdischen Namen gegen einen ungewöhnlichen südslawischen eingetauscht, der auch in der Tschechoslowakei fremd wirkt. Dennoch sind seine Bemühungen, sich vom Judentum zu lösen, von Komplikationen begleitet, und zwar aufgrund seines Äußeren. Den Namen, der ebenfalls von Generation zu Generation vererbt wird, kann man ändern, das Judentum ist in der fiktiven Welt von Olbrachts Erzählung jedoch auch an konkrete körperliche Merkmale gebunden, mit denen man geboren wird und von denen man sich nicht lossagen kann. Der Körper verrät Ivos Herkunft. Hana denkt bei der ersten Begegnung mit ihm keinen Moment lang daran, dass der Mann, der vor ihr steht, kein Jude sein könnte: „Juj! Das war eine Nase! Solch eine Nase hatte sie bei ihnen zu Hause noch nicht gesehen. Sie mußte lachen. Wie bei einem guten Bekannten [...]"[353] Ivo ist daher durch die Umstände wiederholt gezwungen, Manns mythische Formel „Ich bin's" auszusprechen – jedoch in negierter Form. Zum ersten Mal, als er Hana um ihre Hand bittet und sie ihn darauf hinweist, dass sie keine Aussteuer habe: „‚Das soll wohl eine unangenehme Neuigkeit sein. Ich sage Ihnen jetzt auch eines:

---

[352] In Olbracht 2001b: 240. Orig.: „Karadžič! Karadžič! Karadžič! Po tolikerém opakování se už ani sám nevyzná, jak to jméno zní, a žena ho jen stále mate svým: no jistě! a: uvidíš! Firma Dub & Arnstein: to by ovšem souhlasilo. Obchodní zástupce: to by bylo také v pořádku. Ale: Karadžič? Ivo? [...] Karadžič! To jméno mu nedá spát, mučí ho starostmi. [...]
‚Slyšel jste někdy, že by se Žid jmenoval Ivo?'
‚Neslyšel.'
‚Může se tak nějaký Žid jmenovat?'
‚Nemůže,' odpovídá Pinches." In Olbracht 2001a: 374f.

[353] In Olbracht 2001b: 209. Orig.: „Juj! To byl nos! Takový nos u nich doma ještě neviděli. Usmála se. Jako na dobrého známého [...]." In Olbracht 2001a: 352.

Ich bin kein Jude.'"[354] Zum zweiten Mal nach ihrer gemeinsamen Ankunft in Polana. Hanas Vater, der sich die ganze Zeit mit Ivos Namen herumgeschlagen hat, atmet bei dessen Anblick auf:

> Schau! Diese ungeheure Nase, wie sie in Karpatoruthenien noch niemals zu sehen war! Diese schönen Mandelaugen unter den pechschwarzen Brauen! Dieser reizend geschnittene Mund! Dieses Gesicht, nach halbtägigem Nichtrasieren schwarz wie Nachamkes Lehrlinge! Von Josef Šafars Herzen fiel eine Last, ganze Steinblöcke fielen ab von ihm, auch ein Steingeröll, und es lag nun befreit da, nackt, warm, und schlug. Und dieses Herz nun brachte Josef Šafar auf seinen Händen Ivo Karadžič entgegen.[355]

Einen Moment lang scheint es, als wäre alles in Ordnung. Hanas Vater versichert Ivo, dass sie sich über die Bedingungen der Eheschließung schon einigen würden, wobei er an die verlorene Aussteuer seiner Tochter denkt. Ivo sieht sich nun jedoch abermals gezwungen, die Dinge richtigzustellen und die Negation der mythischen Formel auszusprechen: „‚[...] Ich bin kein Jude, Herr Šafar.'"[356] Und auch die von Hanas Vater vorgebrachten Argumente über das Judentum, von dem man sich nicht lossagen könne, überzeugen ihn nicht:

> „[...] Sie sagen, daß Sie kein Jude sind. Sie irren. Ihre Eltern, sie mögen in Frieden ruhen, waren Juden. Mein Herr, so sind auch Sie Jude. Ob Sie wollen oder nicht. Sie sind Jude, auch wenn Sie sich auflehnen und an Gott nicht glauben, von Ihrem Judentum kann Sie nichts lösen, kein Verein und keine Taufe. Sie sollten dankbar

---

354 In Olbracht 2001b: 224. Orig.: „‚To má být patrně nepříjemná novina. Řeknu vám tedy také jednu: nejsem žid.'" In Olbracht 2001a: 363. Die ablehnende Haltung Ivo Karadžičs gegenüber der jüdischen Identität spiegelt sich auch in der Orthografie des tschechischen Texts wider: An allen Stellen, an denen sich Ivo Karadžič zum Judentum äußert, wird das Wort „Žid" (Jude) systematisch mit kleinem Anfangsbuchstaben geschrieben. (Das Tschechische erlaubt in diesem Falle sowohl eine Groß- als auch eine Kleinschreibung, wobei mit der Großschreibung die nationale, mit der Kleinschreibung die religiöse Bedeutung des Wortes akzentuiert wird. Die Betonung liegt also immer auf einem der beiden Aspekte. Eine Schreibung, die den Ausdruck beider Konnotationen ermöglicht, fehlt. Die Polanaer Juden, die sich sowohl zum jüdisch-orthodoxen Glauben als auch – wenngleich sie sich nicht als Zionisten betrachten – zur jüdischen Nationalität bekennen, werden in Olbrachts Text durchgängig mit großem Anfangsbuchstaben geschrieben. Ivo will offenbar zu keiner der beiden Gruppen gehören, was durch die Schreibung des Wortes mit kleinem Anfangsbuchstaben („žid") markiert wird.)

355 In Olbracht 2001b: 247f. Orig.: „Hle! Ten náramný nos, jaký na Podkarpatsku nebyl nikdy vídán. Ty krásné mandlové oči [sic!] pod uhelným obočím! Ta půvabně řezaná ústa! Ty tváře po půldenním neholení černé jako Nachamkesova učně! Ze srdce Josefa Šafara padala tíha, celé balvany z něho padaly a suť kamení, a ono zde leželo osvobozené, holé, teplé a bijící. A to srdce teď Josef Šafar přinášel na dlaních Ivovi Karadžičovi." In Olbracht 2001a: 380.

356 In Olbracht 2001b: 252. Orig.: „‚[...] Nejsem žid, pane Šafare.'" In Olbracht 2001a: 383.

sein, daß dem so ist, daß Sie ein königlicher Prinz bleiben mit all Ihren Rechten, wie sie niemand irgendwo hat, weder auf dieser Welt noch im Jenseits. [...]"[357]

Nach Ansicht der orthodoxen Juden, mit deren Stimme Hanas Vater spricht, lebt Ivo in Lüge und Selbsttäuschung. Er lehnt das von Hanas Eltern gemachte Angebot, zum Glauben seiner Vorfahren zurückzukehren, ab und in Polana bricht Hysterie und Chaos aus.

Ivo wurde zwar als Jude geboren, hat diese Identität jedoch nach rationaler Erwägung aufgegeben. Er hat sich auf Verstandesebene emanzipiert und die Grenzen, die der Gedankenwelt der Polanaer Juden gesetzt sind, weit hinter sich gelassen. Seiner vollständigen Emanzipation stehen jedoch die ererbten körperlichen Züge im Weg. Diese bringen ihn immer wieder in die Situation, seine Entscheidung erklären und die o. g. mythische Identifikationsformel in ihrer negierten Form aussprechen zu müssen. Von der Umgebung wird er als typischer Repräsentant des Judentums wahrgenommen (selbst das orthodoxe Polana bewundert seine Nase), umso schwieriger ist es, dieser Kategorisierung zu entkommen. Ivo steht dabei keine positive Formulierung zur Verfügung, die er Hana bei seinem Heiratsantrag und später ihrem Vater gegenüber als Alternative anbieten könnte. Durch die wiederholte Verleugnung der ursprünglichen Identität ist Ivo de facto gezwungen, unablässig zu dieser zurückzukehren wie zu einem Ursprung oder Anfang, dem alles entspringt. Dieser Anfang ist der alttestamentarische Mythos und die Tradition des Judentums. Erst als er mit der gesamten jüdischen Gemeinde konfrontiert ist, appelliert Ivo an die anderen mit den Worten: „,Freunde! Ich bin weder ein Räuber noch ein Mörder und tue den Burschen nichts. Ich bin ein friedfertiger Bürger wie ihr. Hier wird ein freier und mündiger Mensch festgehalten, ich hole ihn, nichts anderes will ich.'"[358] Er appelliert an die Menschlichkeit und persönliche Freiheit des Menschen, stößt jedoch auf die Grenzen des Denkens der Masse, zu der er spricht. Ivo definiert sich hier als Mensch und Bürger und gerät in einen tragischen Konflikt mit einer geschlossenen Gemeinschaft, die ihre Identität – anders als er – auf eine strenge Kategorisierung und auf die Unveränder-

---

[357] In Olbracht 2001b: 255. Orig.: „,Říkáte, že nejste Žid. Mýlíte se. Vaši rodiče, budiž jim pokoj, byli Židé. Můj pane, také vy jste Žid. Ať chcete, či nechcete. Jste Žid, i když se rouháte a nevěříte v Boha, a vašeho židovství vás nemůže zbavit žádný spolek a žádný křest. Měl byste děkovat, že je tomu tak, že zůstáváte princem královským se všemi právy, jaká nemá nikdo jiný ani na tomto, ani na onom světě. [...]'" In Olbracht 2001a: 385.

[358] In Olbracht 2001b: 292. Orig.: „,Přátelé! Nejsem ani zloděj, ani vrah a hochům neublížím. Jsem pokojný občan jako vy. Zde se vězní svobodný a svéprávný člověk, jdu pro něho, nic jiného nechci.'" In Olbracht 2001a: 412.

lichkeit traditionell gegebener Kategorien gründet.[359] Es zeigt sich, dass sich mit dem Verstand nicht lösen lässt, was der geistlichen und religiösen Sphäre, der Sphäre von Geheimnis und Mythos, angehört. Ivo betrachtet die aufgebrachten Polanaer Juden und denkt darüber nach, ob „ein gutes Ende nimmt, was sich hier zu einer Tragödie zu entwickeln begann".[360] „Der **Verstand** des Ivo Karadžič begriff hiervon allerdings nicht das Geringste, aber **der eigentliche Ivo Karadžič** wußte das allzu gut und gewißlich."[361] In Ivo liegt nach Ansicht des Erzählers eine tiefe Vergangenheitsschicht verborgen. Auch er ist ein Glied in der Kette der jüdischen Tradition, wenngleich er versucht, sich aus dieser Determiniertheit zu lösen.

Diesbezüglich interessant ist auch Hanas Schicksal. Die Titelheldin der Erzählung weist einige Parallelen zu Manns Joseph auf. So erachtet sich Joseph für einen Enkel Abrahams, Hanas Großvater heißt Abram. Joseph erlebt eine Initiation in Form seines symbolischen Todes in der Grube, für Hana richten die Polanaer Juden ein symbolisches Begräbnis aus. Joseph wird von den Ismaelitern aus der Grube gezogen und in das Unterweltsland Ägypten geführt, für das er den neuen Namen Osarsiph annimmt. Hana verlässt Polana erstmals als Minderjährige und erlebt dabei zum ersten Mal, dass die anderen sie nicht mit „Hanele", sondern mit dem seltsam klingenden Namen „Hana" oder „Hanička" ansprechen. Nachdem sie ihren Geburtsort definitiv verlassen hat, nimmt sie aufgrund der Eheschließung mit Ivo dessen exotischen Nachnamen an. Auf diese Weise verletzt sie gemeinsam mit ihrem Mann die Kontinuität der geschlossenen jüdisch-orthodoxen Gemeinschaft:

> Ivo Karadžič mit Gattin Hanička, geborene Šafářová, geben bekannt ...
> [Herrgott, wie seltsam das klingt!
> Wie gojisch das klingt!] Welchen Wandel bewirkt nicht ein Strichelchen und Häkchen, und wie recht haben kluge und wissende Leute, wenn sie sagen: ‚Judentum ist eine Kette! Erschüttert ein einziges ihrer Glieder, und das Ganze ist erschüttert!

---

359 Efraim Israel (1995: 23) ist der Ansicht, dass Ivos Loslösung vom Judentum rein negativen Charakters sei. Ivo ist Nicht-Jude, definiert aber laut Israel für sich keine positive Identität. Israel übersieht hierbei jedoch die positive Alternative in Form des Bürgers und freien Menschens, mit der sich Ivo den orthodoxen Juden erfolglos zu nähern versucht.

360 Olbracht 2001b: 294. Orig.: „Či mohl tušit, že dobře skončí to, co se začalo rozvíjet v tragédii?" In Olbracht 2001a: 413.

361 In Olbracht 2001b 294. Orig.: „**Mozek** Iva Karadžiče o tom arci nevěděl pranic, ale **nejvlastnější Ivo Karadžič** to věděl příliš dobře a jistě." In Olbracht 2001a: 413. Hervorhebungen von O.Z.

Gebt ein Strichelchen hinzu oder nehmt ein Pünktchen hinweg, und vernichtet ist es!' [sic!][362]

In der Schlussszene des Textes geht Hana aus der Perspektive der Juden als Tote in die Unterwelt ein. Ivo zuliebe hat sie den Glauben ihrer Vorfahren aufgegeben und nimmt eine neue, durch ihren neuen Namen symbolisierte Identität an, die jedoch mit denselben Komplikationen einhergeht wie im Falle Ivos. Hana und Ivo unterscheiden sich in ihrer Emanzipation von Manns Joseph, der im Unterweltsland „zusehends zum Ägypter nach Physiognomie und Gebärde" wird – „und das ging rasch, leicht und unmerklich bei ihm".[363] Joseph passt sich sowohl in der Mentalität als auch mit der markanten Veränderung seines Äußeren so perfekt an die neue Umgebung an, dass seine Brüder ihn nicht wiedererkennen und er ihnen seine wahre Identität selbst enthüllen muss. Er verschmilzt mit der fremden Umgebung, kann sich aber dennoch die Bindung an seine Wurzeln bewahren. Hana und insbesondere Ivo sind unablässig mit den Hindernissen konfrontiert, die ihnen ihr Äußeres in den Weg legt. Bei Hana sind dies die Augen, das zentrale Motiv der Erzählung und gleichzeitig ein Leitmotiv, das bereits in den zwei vorhergehenden Texten präsent ist. Dunkle, mandelförmige, traurige Augen sind ein typisches Merkmal der meisten jüdischen Figuren in Olbrachts Erzählzyklus. Sie begegnen uns z. B. bei Bajnyšs Sohn Chaimek,[364] auch Pinches Jakubovič hat einen „traurige[n] Blick",[365] und der Fisch, in den sich nach Pinches' Ansicht verstoßene jüdische Seelen (einschließlich Brana) verwandeln, hat „furchtbar traurige Fischaugen".[366] Am Ende der Erzählung *Událost v mikve* schauen sich Pinches und der Bader Mojsche gegenseitig in die Augen und beide sind „gleichermaßen traurig".[367] Die Augen sind das Organ, in dem sich der ganze Schmerz konzentriert, in sie sind

---

362 In Olbracht 2001b: 109 (Übersetzung des in eckigen Klammern Stehenden von I.G., da die vorliegende deutsche Übersetzung an dieser Stelle vom tschechischen Original abweicht). Orig.: „Ivo Karadžič s chotí Haničkou, rozenou Šafářovou, oznamují...
Pane Bože, jak to divně zní!
Jak gójsky to zní! Jakou změnu nezpůsobí čárka a háček a jak pravdu mají lidé moudří a vědoucí, když říkají: ‚Židovstvo jest řetěz! Otřeste jediným jeho článkem, a otřese se celý! Přidejte čárku nebo uberete puntík, a zničili jste vše!'" In Olbracht 2001a: 282.

363 In GW V 1990: 960, Kap. *Joseph wird zusehends zum Ägypter.*

364 In Olbracht 2001b: 20 bzw. (tschech.) Olbracht 2001a: 218.

365 In Olbracht 2001b: 59. (Anm. d. Übers.: Im Original wörtlich: „traurig geweitete Augen"). Orig.: „[...] a tato slova vyřkl Pinches Jakubovič s bolestným důrazem a s očima smutně rozšířenýma." In Olbracht 2001a: 246.

366 In Olbracht 2001b: 83. Orig.: „úžasně smutn[é] [...] oč[i]". In Olbracht 2001a: 264.

367 In Olbracht 2001b:107. Orig.: „Najednou – chtíce nechtíce – si hledí do očí. A obojí jsou stejně smutné." In Olbracht 2001a: 281.

„Traurigkeiten, weite[] Träumereien und Spuren von Härte [...] hineingetröpfelt".[368] Es sind typisch jüdische Augen, die Augen der Hana Karadžičová, „welche vielleicht einmal überkommen werden auf [ihre] Kinder [...]".[369]

---

368 In Olbracht 2001b: 306. Orig.: „A tento smutek, daleká zasněnost a krůpěj tvrdosti do nich skanulá". In Olbracht 2001a: 421.

369 In Olbracht 2001b: 306. Orig.: „V jejích krásných očích, které snad jednou zdědí také děti Hany Karadžičové." In Olbracht 2001a: 421.
Eine andere Interpretation der Erzählung findet sich bei Milan Uhde. Interpretationsschlüssel ist für Uhde die Figur Ivo Karadžičs, der – so Uhde – Hana eher überhaupt nicht liebt und in ihr nur ein „Objekt ideologischer Indoktrination" (Uhde 2012: 123) sieht. Ivo wird von Uhde sehr negativ als atheistischer Missionar und Kämpfer gegen das orthodoxe Judentum, als Anhänger des Fortschritts, als aggressiver Besucher und sogar als Eindringling interpretiert, der nur mit dem Ziel nach Polana kommt, die dortigen Juden triumphierend zu demütigen und ihnen zu zeigen, dass sie in der modernen Welt keine Existenzberechtigung haben. Laut Uhde zielt Olbracht am Schluss der Erzählung darauf ab, die auf primitiver Intoleranz beruhende Unheimlichkeit der Welt des orthodoxen Judentums zu zeigen. Uhde räumt zwar ein, dass Olbracht sich in die Sichtweisen der orthodoxen Polanaer Juden einzufühlen vermag, fügt jedoch hinzu, dass diese Perspektive nicht Olbrachts eigene sei. Seiner Ansicht nach steht der Autor durchweg auf der Seite Ivo Karadžičs und gibt der Figur Hanas absichtlich nicht genügend Raum. Hierbei lässt Uhde jedoch außer Acht, dass Hana sowohl die Position Ivos als auch die der orthodoxen Juden ganz offen kritisiert.
Uhdes Lesart enthält mehrere problematische Punkte. So ignoriert er z. B. vollständig *Golet v údolí* als episches Ganzes, zu dem die Schlusserzählung untrennbar gehört. Die beiden vorhergehenden Erzählungen bilden den interpretatorischen Rahmen und erschweren bei der Interpretation zumindest die Möglichkeit einer solch einseitigen Konzentration auf die Figur Ivo Karadžičs. Damit verbunden ist ein weiterer problematischer Punkt, und zwar die Motivation, die Uhdes Lesart zugrunde liegt. Uhde beurteilt den Text unter dem Aspekt seiner Eignung bzw. Nichteignung für eine Theateradaption. Er versucht in die Innenwelt Ivo Karadžičs vorzudringen und dessen Motivationen zu assoziieren. Er stellt sogar Überlegungen an, wie Karadžičs Schicksal wohl nach dem Krieg verlaufen wäre, wenn er den Holocaust überlebt hätte, und stellt ihn sich als radikalen Kommunisten vor. Zudem setzt Uhde automatisch seine eigenen Schlussfolgerungen mit den mutmaßlichen Ansichten des Autors gleich. Daraus ergibt sich ein dritter problematischer Punkt: Uhde unterscheidet nicht zwischen dem Autor und dem Erzähler und macht so aus einem belletristischen Text ein bloßes Instrument der versteckten kommunistischen Agitation und Fortschrittsmission des Autors. Hana kommt seiner Meinung nach lediglich „vom Regen in die Traufe", d. h. vom Einflussbereich einer intoleranten Orthodoxie in den einer anderen. Gänzlich unbeachtet bleibt hierbei die religiöse Ebene des Textes, die Hana als stellvertretendes Opfer und als Symbol für das leidvolle Schicksal der gesamten jüdischen Gemeinschaft erscheinen lässt. Vgl. ibid.: 121–130. Die Erzählung *O smutných očích Hany Karadžičové* wurde bereits von Arnošt Goldflam (1996) unter dem Titel *Oči bludných hvězd* für die Bühne adaptiert. Der Schluss des Theaterstücks zeigt das Ehepaar Karadžič Seite an Seite mit Hanas Eltern, alle mit aufgenähten gelben Sternen, wie vor der Deportation.

7. Schluss

Die Möglichkeiten eines Vergleichs literarischer Texte auf genetischer und auf typologischer Ebene unterscheiden sich voneinander. Bei einem genetischen Vergleich sind Beschränkungen durch die Entstehungszeit der einzelnen Texte zu berücksichtigen, weshalb von einem direkten Einfluss Thomas Manns auf Olbrachts karpatoukrainische Prosa nur mit Vorsicht gesprochen werden kann. Einen direkten Einfluss auf *Nikola Šuhaj loupežník* konnten nur die ersten zwei Bände von Manns Tetralogie haben, die lediglich ein Jahr nach Olbrachts „Räuberroman" in tschechischer Übersetzung erschienen sind. In Anbetracht des Umfangs der übersetzten Texte ist es wahrscheinlich, dass Olbracht parallel zu *Nikola Šuhaj loupežník* an der Übersetzung arbeitete. Die Prosasammlung *Golet v údolí* kann zudem auch vom dritten Band der Tetralogie direkt beeinflusst worden sein. Der vierte und letzte Band, *Joseph der Ernährer*, entstand erst während des Zweiten Weltkriegs, sodass hier die Möglichkeit eines direkten Einflusses gänzlich ausgeschlossen ist. Für einen typologischen Vergleich bleibt der Text jedoch relevant, da er in vielerlei Hinsicht als künstlerische Vollendung und als Abschluss der Gedanken gelten kann, die in den vorhergehenden, von Olbracht übersetzten Teilen der Tetralogie ausgeführt werden. *Joseph der Ernährer* wurde schließlich von Pavel Eisner ins Tschechische übertragen.

Sollten Elemente aus Manns Werk benannt werden, die Olbracht bewusst in seine karpatoukrainische Prosa „einbaute", so müsste dies zudem auch durch anderweitige Quellen belegt werden, z. B. durch Korrespondenz mit Verlegern und anderen Personen, denen gegenüber sich Olbracht über seine Übersetzungen und Prosatexte geäußert haben könnte. Eventuell könnten auch Tagebuchaufzeichnungen oder Arbeitsversionen der einzelnen Prosatexte herangezogen werden. Entsprechendes Material befindet sich im Museum für nationales Schrifttum (Památník národního písemnictví) im Prager Kloster Strahov, wo Olbrachts Nachlass aufbewahrt wird. Dieser enthält unter anderem die komplette Übersetzung des dritten Bandes von Manns Tetralogie, *Joseph in Ägypten*. Das Manuskript wurde von ein und demselben Schreiber, Ivan Olbracht, einseitig auf lose A5-Blätter (insgesamt 682 paginierte Blätter) geschrieben. Neben dem übersetzten Text enthält es Anmerkungen, die – wahrscheinlich von einer weiteren Person – mit Bleistift und verschiedenfarbigen Buntstiften hinzugefügt wurden. Dabei handelt es sich um Hinweise zur

Aufteilung des Texts auf einzelne Seiten, um Markierungen inadäquat übersetzter Ausdrücke u. Ä. Das Manuskript enthält keinerlei Anmerkungen oder Hinweise, die den Inhalt des übersetzten Romans kommentieren. Daher kann z. B. dieses Manuskript nicht als Quelle zur Erforschung eines direkten Einflusses – in diesem Falle auf *Golet v údolí* – dienen.

Trotz aller Beschränkungen lassen sich in Olbrachts karpatoukrainischer Prosa zumindest zwei Elemente ausmachen, bei denen mit großer Wahrscheinlichkeit angenommen werden kann, dass es sich um einen (bewussten oder unbewussten) direkten Einfluss von Manns Tetralogie handelt. In *Nikola Šuhaj loupežník* sind dies die sogenannten Schönen Gespräche, die, wie es scheint, die gesamte Komposition des Romans beeinflusst haben. Weiterhin ist dies die mythische Identifikationsformel „Ich bin's", die mehrmals sowohl von Šuhaj als auch – in negierter Form – von Ivo Karadžič aus *Golet v údolí* vorgebracht wird.

Typologische Analogien sind in weitaus größerer Zahl nachweisbar. Dabei handelt sich vor allem um eine spezifische Art des Erzählens, welche insbesondere die Haltung des Erzählers gegenüber dem Stoff und die Bedeutung von Vergangenheit und Tradition für den Menschen umfasst. Zu erwähnen ist auch die Art der Formung mythischer Identität und die damit verbundene Beziehung der Figuren zum (mythischen) Kollektiv. Verbindend für die Werke beider Autoren und deren zeitgeschichtliche Bedeutung ist zudem der historische Kontext, in dem sie entstanden sind.

Mann wie Olbracht nutzten die Bekanntheit der in ihren Prosatexten adaptierten Stoffe und konnten sich somit besser auf das Wie des Erzählens konzentrieren. In *Nikola Šuhaj loupežník* arbeitete Olbracht mit einer damals in der Tschechoslowakei allgemein bekannten Geschichte aus jüngster Vergangenheit. Zudem konnte er eine Volkstradition bezüglich der Figur des gerechten Räubers – etwa vom Typ eines Jánošík oder Ondráš – voraussetzen, wenngleich er an diese in seinem Roman nicht in direkter Weise anknüpfte. Der legendäre karpatoukrainische Räuber Oleksa Dovbuš war zu jener Zeit im westlichen Teil der Tschechoslowakei offenbar gänzlich unbekannt, und so sicherte Olbracht seinem Helden Šuhaj ein eigenständiges literarisches Leben.

Joseph und seine Brüder wie auch *Golet v údolí* bauen auf dem alttestamentarischen Mythos auf. In *Golet v údolí* wird mit Sinn für das Detail das eigentümliche Leben der karpatoukrainischen Juden geschildert. Die alltäglichen Sorgen, wie man z. B. eine vielköpfige Familie ernähren, wie seinen Kindern eine bessere Zukunft sichern soll, werden hier unter Einbeziehung des Glaubens an Gott und seinen Willen gelöst. Die Zeit des Alltags ist von festlichen Momenten durchsetzt. Deren Ablauf unterliegt strengen Regeln, die stets von allen Mitgliedern dieser jüdischen Enklave respektiert wurden. Die jüdische Gemeinschaft hält sich an jahrhundertealte Traditionen und blickt oft in die Vergangenheit, jedoch nur, um aus ihr Weisheit und Witz zur Lösung gegenwärtiger wie künftiger Probleme und zur Überwindung der durch die materielle Welt gesetzten Schranken zu beziehen. Der alttestamentarische Mythos wird in Olbrachts Erzählzyklus als Modus Vivendi der karpatoukrainischen orthodoxen Juden dargestellt.

Bezüglich der Typologie des in ihnen verarbeiteten Mythos lassen sich die Texte in zwei Gruppen einteilen: In *Joseph und seine Brüder* wie auch in *Golet v údolí* wird mit einem religiösen Mythos, dem alttestamentarischen Stoff, gearbeitet. In *Nikola Šuhaj loupežník* hingegen handelt es sich um einen Mythos des karpatoukrainischen Volkes, der – betrachten wir Šuhaj als Verkörperung ruthenischer Sehnsüchte nach einem Weg in die eigene Freiheit – in einen nationalen Mythos mündet.

Die eindeutige Verbindlichkeit des klassischen Mythos wird in den Werken beider Autoren systematisch gestört und hinterfragt. Als unerschöpfliches Reservoir grundlegender Situationen, in denen sich der Mensch im Laufe seines Lebens befindet, bleibt der Mythos aber dennoch gültig. Mittels in die Welt des Mythos versetzter moderner Helden wie es Nikola Šuhaj, Joseph und die Polanaer Juden sind, erhält der Leser die Möglichkeit, in das Innere der menschlichen Seele zu blicken, die sich zwar weiterentwickelt, in ihrem Wesen jedoch über Jahrtausende unverändert bleibt. Gleichzeitig wird jedoch deutlich, dass diese modernen mythischen Figuren von altertümlichen Helden weit entfernt sind: Es sind Menschen mit starken wie auch mit vielen schwachen Seiten. Letztere erschweren ihnen den Weg, den ein traditioneller mythischer Held ohne Zweifel und Schwierigkeiten beschreiten würde. Der Mythos wird damit sowohl bei Thomas Mann als auch bei Ivan Olbracht säkularisiert, von religiösem Pathos befreit und humanisiert.

In den dreißiger Jahren, als der Mythos von der nazistischen Ideologie z. B. durch die Forderung nach seiner bedingungslosen Übernahme und Verschmelzung mit der Lebensrealität instrumentalisiert wurde, boten die Texte beider Autoren anhand ihrer Erzählstrategie ein Beispiel für Nüchternheit, einen distanzierten Blick und Abstand vom erzählten Stoff. Diese grundlegende Erzählhaltung kann als implizite Warnung vor dem damals herrschenden Fanatismus gelten, denn die Texte setzen eine kritische Haltung des Lesers voraus. So wird dieser zum Beispiel in *Nikola Šuhaj loupežník* Zeuge eines Mythisierungsprozesses, dessen Mechanismus und Phasen ihm kontinuierlich vor Augen geführt werden. Es ist eine Warnung vor Intoleranz und Verblendung, vor einem unreflektierten Verfallen an die ideologische Überzeugung von der eigenen Erhabenheit und Exklusivität. In Manns Tetralogie wiederum transformiert und modifiziert der Erzähler unablässig den alttestamentarischen Mythos. Dabei liegen sämtliche Transformationsmechanismen offen zutage. Die Geschichten sind warnende Botschaft vor der Missbrauchbarkeit des Wortes, das so verwendet werden kann, dass es in vollendeter Weise den Absichten seines Urhebers dient. Die Tetralogie kultiviert Achtsamkeit und Vorsicht des Lesers gegenüber den rezipierten Texten. Dies erreicht der Erzähler vor allem, indem er selbst mehrere dieser Manipulationsmöglichkeiten mit Humor und Ironie aufzeigt und kommentiert. In *Golet v údolí*, konkret in der Schlusserzählung *O smutných očích Hany Karadžičové*, wird der in das Alltagsleben der orthodoxen Juden integrierte religiöse Mythos unvermittelt mit etwas Andersartigem, dem Atheismus und der modernen Welt, konfrontiert. Zwischen Ivo und den Juden entsteht ein Konflikt, auf den vor allem die Juden nicht vorbereitet sind und für den sie nur unter Schwierigkeiten eine Lösung finden, die in Einklang mit ihren Traditionen, religiösen Bräuchen und nicht zuletzt auch mit der Erfahrung ihrer Vorfahren steht. Im Text gibt es dabei keine Instanz, die die Figuren explizit be- oder verurteilt. Hinterfragt werden jedoch die Werte, an die sich die Protagonisten im Laufe der Erzählung mit zu großem Dogmatismus halten und um derentwillen sich der Konflikt verschärft. Der religiöse Mythos wird so in indirekter Weise zum Gegenstand von Gesellschaftskritik.

Gemeinsam ist den Texten ein Wechsel der Erzählstrategien. Manns Tetralogie bietet mindestens zwei Lektüremodi an. Der Mythos als Thema beeinflusst die Art und Weise, in welcher der fiktionale Text erzählt wird. Dessen Schwerpunkt verschiebt sich von der Ebene der Handlung auf die poetologische Ebene. Dem Leser wird nicht nur die bekannte, bis in die kleinsten Details ausgeführte Josephsgeschichte vorgelegt (so las sie die Abschreiberin von Manns Manuskript und der Autor schmunzelte nachsichtsvoll über ihr Leseerlebnis), wesentlicher ist vielmehr eine zweite semantische Ebene: all jene Kommentare des Erzählers, die essayistischen und pseudowissenschaftlichen Passagen, von denen die eigentliche mythische Geschichte dicht durchsetzt ist. Die Stimme des Erzählers formt eine Schicht der Metaerzählung, in der insbesondere danach gefragt wird, warum solche Geschichten wieder und wieder erzählt werden müssen, wie ein solcher Akt des Erzählens für gewöhnlich aussieht und worin er besonders ist. Die wertende Haltung des Erzählers gegenüber dem Gegenstand des Erzählens wird zum Hauptträger der semantischen Schicht des fiktionalen Texts wie auch zu dessen Spannungsquelle.

In *Golet v údolí* ist der Ausgangspunkt für die künstlerische Darstellung des Lebens der karpatoukrainischen Juden – wie schon in Manns Tetralogie – der alttestamentarische Mythos. Auch Olbracht nutzt die gesamte Skala an Positionierungsmöglichkeiten gegenüber dem Stoff – von Ironie und Humor über ein leichtes Pathos bis hin zur Travestierung des biblischen Stoffs. Vor dem Hintergrund des alttestamentarischen Mythos tritt der tragikomische Abgrund zwischen den Polanaer Juden und der Zeit der Erzväter hervor, mit der sich die Juden mit dem ihnen eigenen Pathos identifizieren. Der Erzähler beschreibt das Leben der Juden mit Verständnis und Einfühlungsvermögen, es ist jedoch stets ein gewisser Abstand spürbar, da sein kultureller Hintergrund ein anderer ist. Gegenstand der Ironisierung ist insbesondere das religiöse Pathos, das den orthodoxen Juden zu eigen ist. Der Mythos erfüllt in *Golet v údolí* eine stilistische und poetische Funktion: Er dient als Mittel zum Erzielen eines humorvollen Tons.

In *Nikola Šuhaj loupežník* zeigt sich am deutlichsten die Multiperspektivität des Erzählens, die durch einen Wechsel von Erzählperspektiven (points of view) gekennzeichnet ist. Dieser ist Ausdruck einer mehraspektigen Sicht der fiktiven Welt, in der nicht nur ein einziger ideeller Standpunkt, nicht eine einzige Wahrheit herrscht. Der Text ist auf einem Wechsel von Redeanteilen der einzelnen Figuren aufgebaut, die ihrerseits ganze soziokulturelle Gruppen (Ruthenen, Juden, Tschechen) repräsentieren. Die Geschichte vom unverletzbaren Šuhaj wird quasi in der Bewegung erfasst. Sie oszilliert zwischen Realität und Fama oder Sage, und dies alles vor dem Hintergrund des Schicksals von Oleksa Dovbuš, das bereits als reifer und narrativ stabilisierter Mythos tradiert wird. Der Text enthält mythenbildende wie auch demythisierende Elemente, die im Rahmen einer einzigen Erzählperspektive koexistieren können. So sehen z. B. die Gendarmen in Šuhaj vor allem einen Deserteur und Verbrecher, mit seinem wachsendem Ruhm beginnen sie jedoch auch an die Möglichkeit zu glauben, dass er vielleicht doch unverwundbar sein könnte. Allmählich wird so der Entstehungsmechanismus eines Mythos aufgedeckt. Der Erzähler selbst fügt jedoch am Ende hinzu, dass nicht alles, was der Leser über Šuhajs Leben erfahren hat, in die kanonisierte Form der mythischen Geschichte einfließen kann. Die mythenbildenden Elemente sind nämlich vor allem mit dem ruthenischen Volk verbunden, das an die Kraft eines heidnischen Gottes glaubt.

In Manns Konzeption wird der Mythos mit Blick auf die zeitgeschichtlichen Umstände rehabilitiert, da er weder direktiv noch dogmatisch ist. Er wird als Teil der menschlichen Geschichte dargestellt, die in eine so tiefe Vergangenheit reicht, dass es unmöglich ist, zu ihrem tatsächlichen Ursprung vorzudringen. Der Mythos ist ein Mittel zur Erkenntnis der Psychologie des menschlichen Wesens. Die mythischen (alttestamentarischen) Geschichten sind voll von Figuren, die Träger einer typischen Eigenschaft oder Ausführende einer wichtigen Handlung sind, die dann künftig als Muster für alle ähnlichen Handlungen dient (der Brudermord, die Erschleichung des Erstgeburtssegens durch Jakob etc.). Thomas Mann baut die Geschichten bis in die kleinsten Details hinein aus, und dies ermöglicht eine Darstellung der einzelnen Figuren in ihrer ganzen psychologischen Tiefe. Auch auf Figurenebene ist dabei die Fähigkeit präsent, die Situation zu reflektieren und einen kritischen Abstand zu ihr zu wahren. Die Figuren (insbesondere Joseph) denken über ihre Handlungen nach und nehmen ihr Schicksal in den Koordinaten der eigenen mythischen Existenz in der Welt wahr. Daher kann der Mythos ihnen bei der Ausprägung einer komplexen Persönlichkeit von Nutzen sein. Joseph emanzipiert sich schrittweise von der Welt seiner Vorfahren. Nach dem Muster eines Entwicklungsromans durchläuft er aufgrund der Grenzsituationen, in die er gerät, eine Wandlung. Er reift zu einem eigenständigen Individuum, das zwar die Bindung an das ursprüngliche Kollektiv nicht verloren hat, sich aber gleichzeitig in hohem Maße in ein neues Kollektiv zu integrieren vermag. Joseph ist kein primitiver homo religiosus. Seine Wurzeln sind zwar fest im religiösen Mythos seiner Vorfahren verankert, er vermag jedoch so aufgeklärt mit ihnen umzugehen, dass sie für ihn kein Hindernis sind, sondern ein Reservoir – ein „unergründlicher Brunnen" –, aus dem man die erforderlichen Muster für eine unendliche Zahl individueller Situationen schöpfen kann. Der Mythos ist für Joseph eine Gelegenheit zur Verwirklichung seines erfolgreichen individuellen Schicksals, jedoch – wie die bewusst übernommene Rolle des Ernährers zeigt – mit besonderer Rücksicht auf die Zufriedenheit derer, die noch immer als Teil eines mythischen Kollektivs leben.

Auch in *Golet v údolí* ist der Mythos die tiefste Vergangenheitsschicht jeder einzelnen Figur, das Fundament, auf dem sich die individuellen Charaktere erst zu formen beginnen. Ein Polanaer Jude zu sein heißt unter anderem, Teil einer Gemeinschaft zu sein, die sich als Gruppe mit exklusiven Privilegien und mit einer einzigartigen Tradition wahrnimmt. Der Mythos ist Bewusstseinsinhalt der Figuren, ihr mentales Lexikon, das die Art und Weise determiniert, mit der sie in die umgebende Welt blicken. Indem die Juden den Mythos auf die umgebende Welt projizieren, schaffen sie sich einen Interpretationsrahmen für die Lösung von Alltagssituationen. In *Golet v údolí* lässt sich eine ähnliche

Emanzipation des Individuums vom mythischen Kollektiv beobachten wie in *Joseph und seine Brüder*. Die ersten zwei Prosatexte aus Olbrachts Triptychon sind dabei mehr oder weniger ein Vorspiel zu dem in der Schlusserzählung dargestellten Konflikt Hanas und Ivos mit dem religiösen Menschen, repräsentiert durch die orthodoxen Juden, die die eigene Identität auf dem Glauben ihrer Vorfahren aufbauen. Hana wie auch Ivo entscheiden sich für die persönliche Freiheit, Ivo kehrt jedoch gerade durch die Heirat mit Hana zu seinen jüdischen Wurzeln zurück. Sie gibt für ihn ihren Glauben auf, doch das Judentum, das Schicksal der Juden und die Verbundenheit mit der alttestamentarischen Tradition konzentrieren sich in ihren Augen. Hanas Augen sind eine Analogie zu Manns unergründlichem Brunnen der Vergangenheit. Šuhaj im Roman *Nikola Šuhaj loupežník* emanzipiert sich hingegen in keiner Weise vom mythischen Kollektiv. Er wird stattdessen selbst zu einem Mythos, dessen Existenz weit über die zeitlichen Grenzen eines konkreten Individuums hinausreicht. Sein Ruf verbreitet sich im Land und nimmt die Form eines Mythos an, der eine Projektion der Sehnsüchte des ruthenischen Volkes ist und, was seine Form betrifft, aus der karpatoukrainischen Volkstradition schöpft.

Mann wie auch Olbracht stehen als Autoren in Opposition zu jeglicher Form von Literatur, für die der Mythos ein bloßes Macht- oder Agitationsinstrument ist. Sie enthüllen den Mechanismus, durch welchen der Mythos zu einem starken politischen oder propagandistischen Instrument werden kann, und betonen die Notwendigkeit, in Konfrontation mit ihm das rationale Denken anzuwenden. Die Darstellung ihrer fiktiven Welten erfolgt multiperspektivisch und in dialogischer Mehrdeutigkeit. Für ein solches schöpferisches Vorgehen mussten beide Autoren künstlerisch, gesellschaftlich wie auch politisch reifen. Thomas Mann wurde nach dem Ersten Weltkrieg zu einem Demokraten aus Pragmatismus. Hatte er seine schriftstellerische Laufbahn zunächst als unpolitischer Autor begonnen, so verband er nach dem Ersten Weltkrieg sein gesellschaftliches Prestige mit der offiziellen staatlichen Politik der Weimarer Republik. Seine in dieser Zeit (wie auch später, in der Zeit des Nazismus) entstandenen literarischen Arbeiten wurden infolgedessen als offizielle Literatur eines demokratischen Deutschland wahrgenommen. Der Mythos konnte daher in Thomas Manns Werk zum Ausdrucksmittel einer antinazistischen Haltung werden und der Opposition gegen seinen eigenen Missbrauch Form verleihen. Ivan Olbracht hingegen war immer politisch aktiv und linksorientiert gewesen. Die dreißiger Jahre waren zwar von einem gewissen Rückgang seines politischen Engagements geprägt, prinzipiell wich Olbracht jedoch auch in dieser Zeit nicht von seinen Ansichten ab. Im Laufe der zwanziger und frühen dreißiger Jahre lassen sich in seinem Schaffen zwei Strömungen unterscheiden, die sich gegenseitig ergänzen: die politisch engagierten Werke (deren Gipfel und gleichzeitig Sackgasse der 1925–1926 in einer Zeitschrift und 1928 in Buchform erschienene Roman *Anna proletářka* war) und die Arbeiten, in denen er stofflich aus seinen Gefängniserlebnissen schöpfte (*Zamřížované zrcadlo*, 1930). Die letztgenannte Arbeit aus dem Gefängnismilieu stellt methodisch ein Bindeglied zu Olbrachts karpatoukrainischen Texten dar.[370] Das Element des Kampfs (bzw. Widerstands) ist auch in den belletristischen Werken der dreißiger Jahre präsent. Der Mythos dient hier als Mittel zur Formung einer wenn nicht politischen, so doch zumindest gesellschaftskritischen Haltung. Aus Sicht der Nachkriegsrezeption von Olbrachts karpatoukrainischer Prosa ist daran zu erinnern, dass die in der Karpatenukraine lebenden Juden nahezu ausnahmslos dem Holocaust zum Opfer fielen.[371]

Olbrachts Werk der dreißiger Jahre ist eng mit dem konkreten soziokulturellen Milieu der Karpatenukraine verbunden. Die Region, die in den Jahren, in denen sie der Tschechoslowakei angehörte, deren rückständigster und ärmster Teil war, bot dem Schriftsteller eine ideale Kombination an schöpferischen Anregungen: eine starke soziale Thematik, Rückständigkeit und Armut, eine wilde und geheimnisvolle Landschaft, Ruthenen, die an Hexerei und Beschwörung glaubten, Juden, die auf ihren Messias warteten. Verbunden mit der Inspiration durch die Texte, die Olbracht damals übersetzte, mündete dies alles schließlich in eine spezifische Verarbeitung des Stoffes unter Verwendung mythenbildender Elemente. Olbrachts Übersetzungen und seine eigene schriftstellerische Arbeit begegneten sich zur richtigen Zeit am richtigen Ort, und so ließ sich Olbracht auch von Manns Texten inspirieren und integrierte dessen Verfahren in schöpferischer Weise in sein eigenständiges künstlerisches Werk. Auch aus diesem Grunde können die dreißiger Jahre als Höhepunkt von Olbrachts literarischem Schaffen gelten.

---

370 Vgl. Opelík 1995: 561.

371 Vgl. Pop 2005: 112, 150f. Auf S. 112 wird die Bevölkerungszusammensetzung der Karpatenukraine kurz nach dem Ersten Weltkrieg angeführt. Die Juden stellten damals knapp 14 % (88 000 Personen) der insgesamt 585 500 Einwohner. Im Jahr 1941 wurden 15 000 Juden ermordet, 1944 wurden insgesamt 76 271 Juden nach Auschwitz deportiert, von denen 71 620 ums Leben kamen.

8. Verwendete Literatur

8.1 Quellen

Mann, Thomas
(GW IV 1990) *Joseph und seine Brüder. Die Geschichten Jaakobs. Der junge Joseph.* Ungekürzte Ausg., Frankfurt am Main: Fischer Taschenbuch Verlag. Gesammelte Werke in dreizehn Bänden; Bd. 4.

(GW V 1990) *Joseph und seine Brüder. Joseph in Ägypten. Joseph der Ernährer.* Ungekürzte Ausg., Frankfurt am Main: Fischer Taschenbuch Verlag. Gesammelte Werke in dreizehn Bänden; Bd. 5.

1959 *Josef a bratří jeho. I, Příběhy Jákobovy; Mladý Josef.* 2. Aufl., in SNKLHU 1. Übers. von Ivan Olbracht und Helena Malířová. Praha: Státní nakladatelství krásné literatury, hudby a umění. Spisy Thomase Manna; Bd. 4. Knihovna klasiků.

Olbracht, Ivan
1989 *Der Räuber Nikola Schuhaj.* Aus dem Tschechischen von Erhard Bittner. Reinbek bei Hamburg: Rowohlt.

2001a *Nikola Šuhaj loupežník: Golet v údolí.* Hrsg.: Petr Hanuška. Praha: Lidové noviny. Česká knižnice.

2001b *Die traurigen Augen. Drei Novellen.* Aus dem Tschechischen von Gustav Just, August Scholtis und Markus Wirtz. Stuttgart/München: Deutsche Verlags-Anstalt.

8.2 Sekundärliteratur

Anketa [Umfrage]
1934 Anketa o státních cenách. *Rozhledy po literatuře a umění.* Jg. 3, Nr. 1, S. 4.

Beck, Helmut
1966 Thomas Manns Josephstetralogie und das Gestaltungsprinzip der epischen Ironie. In Wenzel, Georg: *Betrachtungen und Überblicke: Zum Werk Thomas Manns.* Berlin/Weimar: Aufbau-Verlag, S. 11–106.

Berger, Willy R.
1971 *Die mythologischen Motive in Thomas Manns Roman „Joseph und seine Brüder".* Wien: Böhlau.

Bible: Písmo svaté Starého a Nového zákona. Český ekumenický překlad. 16. vyd. Praha: Česká biblická společnost, 2006. [*Die Bibel: Die Heilige Schrift des Alten und Neuen Testaments.* Tschechische ökumenische Übersetzung. 16. Aufl., Prag: Tschechische Bibelgesellschaft 2006.]

Dierks, Manfred
1972 *Studien zu Mythos und Psychologie bei Thomas Mann*. Bern: Francke, Thomas-Mann-Studien; Bd. 2.

1990a Thomas Mann und die Tiefenpsychologie. In Koopmann, Helmut (Hrsg.): *Thomas-Mann-Handbuch*. Stuttgart: A. Kröner, S. 284–300.

1990b Thomas Mann und die Mythologie. In Koopmann, Helmut (Hrsg.): *Thomas-Mann-Handbuch*. Stuttgart: A. Kröner, S. 301–306.

Doležel, Lubomír
1973 *Narrative modes in Czech literature*. Toronto: Univ. of Toronto Press.

1993 *Narativní způsoby v české literatuře*. 1. Aufl., Praha: Český Spisovatel.

Eliade, Mircea
1985 *Das Heilige und das Profane. Vom Wesen des Religiösen*. Frankfurt am Main: Insel.

Finck, Jean
1973 *Thomas Mann und die Psychoanalyse*. Paris: Les Belles lettres.

Frenzel, Herbert A. und Elisabeth
2004 *Daten deutscher Dichtung: Chronologischer Abriß der deutschen Literaturgeschichte*. Bd. 2 (Vom Realismus zur Gegenwart). 34. Aufl. München: dtv.

Goldflam, Arnošt
1996 *Návrat ztraceného syna – Písek – Několik historek ze života Bédi Jelínka – Oči bludných hvězd: (divadelní hry)*. Brno: Větrné mlýny.

Graboveckij, Vladimir Vasil'jevič
1959 *Oleksa Dovbuš: legendarnyj geroj ukrainskogo naroda*. Moskva: Izdatel'stvo social'no-ekonomičeskoj literatury.

Mann, Thomas
(GW IX 1990a) Freud und die Zukunft. In Mann, Thomas: *Reden und Aufsätze: 1*. Ungekürzte Ausg., Frankfurt am Main: Fischer, S. 478–501. Gesammelte Werke in 13 Bänden (Mann, T.); Bd. 9.

(GW IX 1990b) Richard Wagner und der „Ring des Nibelungen". In Mann, Thomas: *Reden und Aufsätze: 1*. Ungekürzte Ausg., Frankfurt am Main: Fischer, S. 502–527. Gesammelte Werke in 13 Bänden (Mann, T.); Bd. 9.

(GW XI 1990a) Joseph und seine Brüder. In Mann, Thomas: *Reden und Aufsätze: 3*. Ungekürzte Ausg,. Frankfurt am Main: Fischer, S. 654–669. Gesammelte Werke in 13 Bänden (Mann, T.); Bd. 11.

(GW XI 1990b) Sechzehn Jahre: Zur amerikanischen Ausgabe von „Joseph und seine Brüder" in einem Bande. In Mann, Thomas: *Reden und Aufsätze: 3*. Ungekürzte Ausg., Frankfurt am Main: Fischer, S. 669–681. Gesammelte Werke in 13 Bänden (Mann, T.); Bd. 11.

Hamburger, Käte
1965 *Der Humor bei Thomas Mann: Zum Joseph-Roman*. München: Nymphenburger.

1984 *Thomas Manns biblisches Werk: der Joseph-Roman, die Moses-Erzählung „Das Gesetz"*. Ungekürzte Ausg., Frankfurt am Main: F. Taschenbuch.

Hanuška, Petr
2001 Komentář. In Olbracht, Ivan: *Nikola Šuhaj loupežník: Golet v údolí*. Praha: Nakladatelství Lidové noviny, S. 422–478. Česká knižnice.

Hartl, Antonín
1933a Čeští spisovatelé a Podkarpatská Rus. *Rozhledy po literatuře a umění*, Jg. 2, Nr. 8–9, S. 54–55.

1933b Čeští spisovatelé a Podkarpatská Rus. *Rozhledy po literatuře a umění*, Jg. 2, Nr. 10, S. 67–68.

Havlová, Františka
1972 K jazyku Ivana Olbrachta. *Naše řeč*, Jg. 55, Nr. 5, S. 233–242.

Heller, Erich
1970 *Thomas Mann: Der ironische Deutsche*. Frankfurt am Main: Suhrkamp.

Hermsdorf, Klaus
1976 Joseph und seine Brüder. In Fix, Peter et al.: *Das erzählerische Werk Thomas Manns: Entstehungsgeschichte. Quellen. Wirkung*. 1. Aufl., Berlin/Weimar: Aufbau-Verlag, S. 172–225.

Hlávka, Miloš
1934–1935 Země, jež nalezla svého básníka. *Literární noviny*, Jg. 7, Nr. 13, S. 5.

Holas, Miloš
1937 Knihy poctěné. *Rozhledy po literatuře a umění*, Jg. 6, Nr. 20, S. 150–153.

Holub, Ota
1983 *Věc: Loupežník Nikola Šuhaj*. Erste Aufl., Praha: Československý spisovatel.

Israel, Efraim
1995 Bůh je originální. *Kritický sborník*, Jg. XV, Nr. 1–2, S. 17–25.

Kant, Immanuel
1968 Beantwortung der Frage: Was ist Aufklärung? In Kant, Immanuel: *Kants Werke: Akademie-Textausgabe: Unveränderter photomechanischer Abdruck des Textes der von der Preussischen Akademie der Wissenschaften 1902 begonnenen Ausgabe von Kants gesammelten Schriften. Bd. 8, Abhandlungen nach 1781*. Berlin: W. de Gruyter, S. 33–42.

Kerényi, Karl
1945 *Romandichtung und Mythologie: Ein Briefwechsel mit Thomas Mann*. Zürich: Albae vigiliae.

Kerényi, Karl – **Jung**, Carl Gustav
1951 *Einführung in das Wesen der Mythologie.* Neuausg. (4. revid. Aufl.), Zürich: Rhein-Verlag.

Knap, Josef
1933 Olbrachtův Nikola Šuhaj. *Rozhledy po literatuře a umění*, Jg. 2, Nr. 8–9, S. 55.

Kurzke, Hermann
1991 *Thomas Mann: Epoche-Werk-Wirkung.* 2. überarbeitete Aufl., München: C.H. Beck. Arbeitsbücher zur Literaturgeschichte.

1993 *Mondwanderungen: Wegweiser durch Thomas Manns Joseph-Roman.* Originalausg. Frankfurt am Main: Fischer Taschenbuch.

Lantová, Ludmila
2000 Ivan Olbracht. In *Lexikon české literatury: Osobnosti, díla, instituce. 3. M-Ř, Svazek I. M-O.* 1. Aufl., Praha: Academia, S. 665–671.

Lehnert, Herbert
1965 *Thomas Mann: Fiktion, Mythos, Religion.* Stuttgart: W. Kohlhammer.

1973 Repräsentation und Zweifel: Thomas Manns Exilwerke und der deutsche Kulturbürger. In Durzak, Manfred: *Die deutsche Exilliteratur 1933–1945.* Stuttgart: Ph. Reclam, S. 398–417.

Lutz, Bernd (Hrsg.)
1994 *Metzler Autoren Lexikon: deutschsprachige Dichter und Schriftsteller vom Mittelalter bis zur Gegenwart.* 2. überarb. und erw. Aufl., Stuttgart: Metzler.

Macek, Emanuel
1990 Ediční poznámka. In Olbracht, Ivan: *Čtení z Biblí kralické.* 2. Aufl., Praha: Vyšehrad, S. 371–372.

Marx, Friedhelm
2002 *Ich aber sage Ihnen--: Christusfigurationen im Werk Thomas Manns.* Frankfurt am Main: V. Klostermann. Thomas-Mann-Studien; Bd. 25.

Mocná, Dagmar (Hrsg.):
2004 *Encyklopedie literárních žánrů.* 1. Aufl., Praha: Paseka.

Mravcová, Marie
1984–1985 Ivan Olbracht: Nikola Šuhaj loupežník. *Český jazyk a literatura*, Jg. 35, Nr. 7, S. 294–301.

Neumann, Stanislav Kostka
1934 Český spisovatel a Podkarpatská Rus. *Rozhledy po literatuře a umění*, Jg. 3, Nr. 3, S. 17–18.

Nosek, Miloslav – **Laiske**, Miroslav
[1974] *Bibliografie Ivan Olbracht. 1. [Bd.], Soupis jeho tištěných prací.* 1. Aufl., Semily: Okresní knihovna.

Olbracht, Ivan
1932 *Země bez jména: Reportáže z Podkarpatska.* [1. Aufl.], Praha: Otto Girgal.

1933 Loupežník Šuhaj a „rozhořčení" četníci. *Čin.* 23. November, Jg. V, Nr. 20, S. 459–464.

1936 *Hory a staletí: Kniha reportáží z Podkarpatska.* 3. Aufl., Praha: Melantrich.

1952 *Berge und Jahrhunderte.* Deutsch von Elisabeth Borchardt. Berlin: Rütten & Loening.

1958 *O umění a společnosti.* 1. Aufl., Praha: Československý spisovatel.

1961 *Pryč s legendami.* 1. Aufl., Praha: Československý spisovatel. Spisy Ivana Olbrachta XV.

1966 *Z rodinné korespondence Ivana Olbrachta.* 1. Aufl., Praha: Odeon.

Olbracht, Ivan – **Vančura**, Vladislav – **Nový**, Karel
1982 *Marijka nevěrnice.* Hrsg.: Pavel Taussig und Rudolf Havel. 1. Aufl., Praha: Odeon.

Opelík, Jiří
1961 Doslov. In Olbracht, Ivan: *Golet v údolí.* 13. Aufl., Praha: Československý spisovatel, S. 189–192. Knihovna lidové četby; Bd. 8.

1967 Olbrachts reife Schaffensperiode sub specie seiner Übersetzungen aus Thomas Mann und Lion Feuchtwanger. *Zeitschrift für Slawistik*, Nr. 12, S. 20–37.

1995 Ivan Olbracht. In Mukařovský, Jan (Hrsg.): *Dějiny české literatury. IV, Literatura od konce 19. století do roku 1945.* 1. Aufl., Praha: Victoria Publishing, S. 554–571.

Píša, A. M.
1982 *Ivan Olbracht.* 2. Aufl., Praha: Československý spisovatel. Portréty spisovatelů.

Pohorský, Miloš
1974 Čas mýtu: Nikola Šuhaj loupežník. In Pohorský, Miloš: *Portréty a problémy: Literárněhistorické interpretace.* 1. Aufl., Praha: Mladá fronta, S. 262–275.

1975 Doslov. In Olbracht, Ivan: *Nikola Šuhaj loupežník.* Praha: Československý spisovatel, S. 211–222. Spisy Ivana Olbrachta; Bd. 9.

Pop, Ivan
2005 *Podkarpatská Rus.* 1. Aufl., Praha: Libri. Stručná historie států; Bd. 29.

Prosecký, Jiří et al.
2003 *Encyklopedie mytologie starověkého Předního východu.* 1. Aufl., Praha: Libri.

Reed, Terence James
1990 Thomas Mann und die literarische Tradition: Schopenhauer als Grund? In Koopmann, Helmut (Hrsg.): *Thomas-Mann-Handbuch.* Stuttgart: A. Kröner, S. 117–122.

Rosenberg, Alfred
1935 *Der Mythus des 20. Jahrhunderts: Eine Wertung der seelisch-geistigen Gestaltenkämpfe unserer Zeit.* München: Hoheneichen-Verlag.

Shakespeare, William
1967 *Macbeth*. Editor G. Hunter. Harmondsworth: Penguin Books. New Penguin Shakespeare.

Schubert, Peter
1980 A Common Source for Sholom Aleichem and Ivan Olbracht. *Germano-Slavica*, Jg. 3, Nr. 4, S. 287–290.

Schulz, Kerstin
2000 *Identitätsfindung und Rollenspiel in Thomas Manns Romanen Joseph und seine Brüder und Bekenntnisse des Hochstaplers Felix Krull*. Frankfurt am Main: P. Lang. Bochumer Schriften zur deutschen Literatur; Bd. 55.

Stammen, Theo
1990 Thomas Mann und die politische Welt: Weimarer Republik (1918–1933), Nationalsozialismus und Zweiter Weltkrieg (1933–1945). In Koopmann, Helmut (Hrsg.): *Thomas-Mann-Handbuch*. Stuttgart: A. Kröner, S. 26–51.

Šandová, Olga
1974 *Žánr reportáže v tvorbě Ivana Olbrachta*. Praha. Diplomová práce. Univerzita Karlova (Praha). Filozofická fakulta.

Tippner, Anja
2012 „Diaspora im Tal". Das jüdische Ruthenien als Ort zwischen orientalistischem Mythos und Realität bei Ivan Olbracht. In Wolfgang Stephan: *Der Osten des Ostens*, Postcolonial Perspectives on Eastern Europe, Bd. 1. Frankfurt am Main: P. Lang, S. 325–344.

Uhde, Milan
2012 Objevy pozdního čtenáře: „druhé čtení" českých autorů od Máchy k Havlovi. 1. Aufl., Brno: Centrum pro studium demokracie a kultury, S. 121–129.

Václavek, Bedřich
1946 *Tvorbou k realitě*. Praha: Svoboda. Sebrané spisy Bedřicha Václavka; Bd. 3.

Vlčková, Jitka
1999 *Encyklopedie mytologie germánských a severských národů*. 1. Aufl., Praha: Libri.

Wolff, Uwe
1979 *Thomas Mann, der erste Kreis der Hölle: der Mythos im Doktor Faustus*. Stuttgart: Akademischer Verlag Heinz.

Wysling, Hans
1969 *„Mythos und Psychologie" bei Thomas Mann*. Zürich: AG.

1974 „Mythus und Psychologie" bei Thomas Mann. In Wysling, Hans: *Dokumente und Untersuchungen: Beiträge zur Thomas-Mann-Forschung*. Bern: Francke, S. 167–180. Thomas-Mann-Studien, 3. Bd.

Zamarovský, Vojtěch
2000 *Bohové a hrdinové antických bájí*. 5. überarb. Aufl., in Brána 2., Praha: Brána.

8.3 Elektronische Quellen

http://archiv.ucl.cas.cz/ (Digitalisiertes Zeitschriftenarchiv des Instituts für tschechische Literatur der Akademie der Wissenschaften der ČR (Ústav pro českou literaturu AV ČR, v. v. i.).

www.nkp.cz (Online-Katalog der Nationalbibliothek der Tschechischen Republik)

8.4 Archivalien

Památník národního písemnictví, Osobní fond Ivana Olbrachta (vl. jm. Kamil Zeman) [Museum für nationales Schrifttum, Persönlicher Fonds Ivan Olbrachts (eigtl. Name Kamil Zeman)].

Literature and Culture in Central and Eastern Europe

edited by Reinhard Ibler

ISSN 2195-1497

1 *Elisa-Maria Hiemer*
Generationenkonflikt und Gedächtnistradierung
Die Aufarbeitung des Holocaust in der polnischen Erzählprosa des 21. Jahrhunderts
ISBN 978-3-8382-0394-2

2 *Adam Jarosz*
Przybyszewski und Japan
Bezüge und Annäherungen
Mit einem Vorwort von Hanna Ratuszna und Quellentexten in Erstübertragung
ISBN 978-3-8382-0436-9

3 *Adam Jarosz*
Das Todesmotiv im Drama von Stanisław Przybyszewski
ISBN 978-3-8382-0496-3

4 *Valentina Kaptayn*
Zwischen Tabu und Trauma
Kateřina Tučkovás Roman *Vyhnání Gerty Schnirch* im Kontext der tschechischen Literatur über die Vertreibung der Deutschen
ISBN 978-3-8382-0482-6

5 *Reinhard Ibler (Ed.)*
Der Holocaust in den mitteleuropäischen Literaturen und Kulturen seit 1989
The Holocaust in the Central European Literatures and Cultures since 1989
ISBN 978-3-8382-0672-1

6 *Iris Bauer*
Schreiben über den Holocaust
Zur literarischen Kommunikation in Marian Pankowskis Erzählung *Nie ma Żydówki*
ISBN 978-3-8382-0587-8

7 *Olga Zitová*

Thomas Mann und Ivan Olbracht

Der Einfluss von Manns Mythoskonzeption auf die karpatoukrainische Prosa des tschechischen Schriftstellers

ISBN 978-3-8382-0743-8

ibidem-Verlag / *ibidem* Press
Melchiorstr. 15
70439 Stuttgart
Germany

ibidem@ibidem.eu
www.ibidem-verlag.com
www.ibidem.eu